邓俊双

# 复合改性橡胶沥青及混合料
## 的研究与应用

河海大学出版社
HOHAI UNIVERSITY PRESS
·南京·

## 内容提要

本书全面系统地开展了橡胶/SBS复合改性沥青及混合料在高速公路上应用关键技术的研究。主要内容包括：橡胶/SBS复合改性沥青制备研究、橡胶/SBS复合改性沥青胶结料性能的研究、橡胶/SBS复合改性沥青改性机理研究、橡胶/SBS复合改性沥青混合料设计及性能研究、温拌橡胶/SBS复合改性沥青及混合料性能研究、橡胶复合改性沥青混合料的生产配合比设计、橡胶/SBS复合改性沥青路面施工关键工艺。

本书可供公路管理、养护、设计、施工等工程技术人员，以及路面专业研究人员阅读参考，也可供高等学校公路交通相关专业师生学习参考。

**图书在版编目（CIP）数据**

复合改性橡胶沥青及混合料的研究与应用 / 邓俊双，余道辉，陈怡刚著. -- 南京：河海大学出版社，2023.11

ISBN 978-7-5630-8570-5

Ⅰ. ①复… Ⅱ. ①邓… ②余… ③陈… Ⅲ. ①橡胶沥青－改性沥青－复合材料－应用－高速公路－沥青路面－研究 Ⅳ. ①U416.217

中国国家版本馆 CIP 数据核字（2023）第 236867 号

| | |
|---|---|
| 书　　名 | 复合改性橡胶沥青及混合料的研究与应用<br>FUHE GAIXING XIANGJIAO LIQING JI HUNHELIAO DE YANJIU YU YINGYONG |
| 书　　号 | ISBN 978-7-5630-8570-5 |
| 责任编辑 | 陈丽茹 |
| 特约校对 | 李春英 |
| 装帧设计 | 张世立 |
| 出版发行 | 河海大学出版社 |
| 地　　址 | 南京市西康路 1 号（邮编：210098） |
| 网　　址 | http://www.hhup.com |
| 电　　话 | （025）83737852（总编室）　（025）83722833（营销部）<br>（025）83787763（编辑室） |
| 经　　销 | 江苏省新华发行集团有限公司 |
| 排　　版 | 南京布克文化发展有限公司 |
| 印　　刷 | 广东虎彩云印刷有限公司 |
| 开　　本 | 718 毫米×1000 毫米　1/16 |
| 印　　张 | 12.5 |
| 字　　数 | 200 千字 |
| 版　　次 | 2023 年 11 月第 1 版 |
| 印　　次 | 2023 年 11 月第 1 次印刷 |
| 定　　价 | 78.00 元 |

# 前言
Preface

将废旧轮胎磨细得到的胶粉用于沥青路面中,不仅可以改善沥青路面的路用性能,而且可以大量回收沥青废旧轮胎,有效缓解废轮胎导致的"黑色污染"问题,因此橡胶沥青技术得到了各国的广泛关注。采用橡胶沥青可以大幅提高沥青路面的使用性能,延长路面使用寿命,降低公路建设造价,而且起到污染治理、资源节约、大量废旧物综合利用的作用,降低废旧轮胎环境污染问题。因此,橡胶沥青技术响应国家"双碳"战略,符合交通运输实施绿色发展、强化生态保护和污染防治的战略要求。

本书结合我国橡胶沥青的研究现状,在借鉴国内外相关研究成果的基础上,开展了复合改性橡胶沥青在高速公路上应用的关键技术研究。在提高传统橡胶改性沥青的施工和易性与热贮存稳定性的同时,提升橡胶沥青混合料的性能,对进一步推广应用橡胶沥青具有一定的工程应用价值和实用意义。

全书共分为9章,第1章 绪论,第2章 橡胶/SBS复合改性沥青制备研究,第3章 橡胶/SBS复合改性沥青胶结料性能的研究,第4章 橡胶/SBS复合改性沥青改性机理研究,第5章 橡胶/SBS复合改性沥青混合料设计及性能研究,第6章 温拌橡胶/SBS复合改性沥青及混合料性能研究,第7章 橡胶复合改性沥青混合料的生产配合比设计,第8章 橡胶/SBS复合改性沥青路面施工关键工艺,第 9 章 结论。

本书第 1 章、第 2 章、第 3 章由邓俊双完成;第 4 章、第 5 章、第 6 章由余道辉完成;第 7 章、第 8 章、第 9 章由陈怡刚完成。全书由邓俊双统稿。本项目在研究过程中得到了江西省交通工程集团有限公司的大力支持,在此表示诚挚的感谢!另外,本书的出版得到了河海大学出版社的大力支持,借此机会向为本书付出努力的编辑表示感谢。

限于著者水平,书中疏漏之处在所难免,敬请广大读者批评指正。

2023 年 1 月于南昌

# 目录
Contents

**第1章 绪论** ………………………………………………………… 1
  1.1 研究背景与意义 ……………………………………………… 3
  1.2 国内外研究现状 ……………………………………………… 5
    1.2.1 橡胶改性沥青国内外研究现状 ……………………… 5
    1.2.2 橡胶复合改性沥青国内外研究现状 ………………… 7
  1.3 研究内容及技术路线 ………………………………………… 10

**第2章 橡胶/SBS复合改性沥青制备研究** ……………………… 13
  2.1 橡胶/SBS复合改性沥青原材料 …………………………… 15
    2.1.1 基质沥青 ………………………………………………… 15
    2.1.2 SBS改性剂 ……………………………………………… 16
    2.1.3 橡胶粉 …………………………………………………… 17
  2.2 复合改性沥青制备流程及性能评价方法 ………………… 19
    2.2.1 橡胶/SBS复合改性沥青制备流程 ………………… 19
    2.2.2 橡胶/SBS复合改性沥青性能评价方法 …………… 19
  2.3 橡胶/SBS复合改性沥青制备及优化 ……………………… 24
    2.3.1 胶粉用量对复合沥青影响及最佳用量确定 ……… 24
    2.3.2 SBS用量对复合沥青影响及最佳用量确定 ……… 26
    2.3.3 剪切温度对复合沥青性能影响及优化 …………… 29
  2.4 本章小结 …………………………………………………… 32

**第3章 橡胶/SBS复合改性沥青胶结料性能的研究** …………… 33
  3.1 沥青流变性介绍 …………………………………………… 35

1

## 3.2 基于DSR的高温流变性能研究 ·········· 36
### 3.2.1 DSR理论及试验参数 ·········· 36
### 3.2.2 车辙因子结果 ·········· 38
### 3.2.3 高温失效温度 ·········· 39
## 3.3 基于MSCR的高温流变性能研究 ·········· 41
### 3.3.1 MSCR理论及试验参数 ·········· 41
### 3.3.2 不可恢复蠕变柔量 $J_{nr}$ ·········· 44
### 3.3.3 变形恢复率 $R$ ·········· 46
### 3.3.4 基于MSCR的高温分级 ·········· 48
## 3.4 基于BBR的低温流变性能研究 ·········· 50
### 3.4.1 BBR理论及试验参数 ·········· 50
### 3.4.2 蠕变劲度模量结果 ·········· 51
### 3.4.3 蠕变速率 $m$ 值结果 ·········· 53
## 3.5 基于疲劳因子的沥青疲劳性能研究 ·········· 54
### 3.5.1 沥青疲劳测试原理及参数 ·········· 54
### 3.5.2 疲劳因子 ·········· 55
### 3.5.3 临界温度 ·········· 56
## 3.6 本章小结 ·········· 57

# 第4章 橡胶/SBS复合改性沥青改性机理研究 ·········· 59
## 4.1 胶粉与SBS改性沥青机制综述 ·········· 61
### 4.1.1 SBS改性沥青机理 ·········· 61
### 4.1.2 胶粉改性沥青机理 ·········· 63
### 4.1.3 胶粉/SBS复合改性沥青机理 ·········· 64
## 4.2 基于红外光谱的橡胶/SBS复合改性机理 ·········· 65
### 4.2.1 红外光谱技术及测试参数 ·········· 65
### 4.2.2 红外光谱结果 ·········· 68
## 4.3 基于荧光显微的橡胶/SBS复合改性机理 ·········· 71
### 4.3.1 荧光显微技术及测试参数 ·········· 71
### 4.3.2 荧光显微结果 ·········· 72
## 4.4 基于差示扫描量热法(DSC)的橡胶/SBS复合改性机理 ·········· 74
### 4.4.1 DSC技术及测试原理 ·········· 74
### 4.4.2 DSC结果 ·········· 76

  4.5 基于凝胶渗透色谱(GPC)的橡胶/SBS复合改性机理 ………… 79
    4.5.1 GPC技术及测试参数 ……………………………………… 79
    4.5.2 GPC结果 …………………………………………………… 80
  4.6 本章小结 ………………………………………………………… 82

第5章 橡胶/SBS复合改性沥青混合料设计及性能研究 …………… 83
  5.1 集料性质 ………………………………………………………… 85
  5.2 沥青混合料路用性能试验方法 ………………………………… 87
    5.2.1 车辙试验 …………………………………………………… 87
    5.2.2 低温弯曲试验 ……………………………………………… 88
    5.2.3 浸水马歇尔及冻融劈裂试验 ……………………………… 89
    5.2.4 弯曲疲劳试验 ……………………………………………… 91
  5.3 AC-13混合料设计及性能研究 ………………………………… 92
    5.3.1 AC-13混合料级配及油石比确定 ………………………… 92
    5.3.2 高温稳定性 ………………………………………………… 95
    5.3.3 低温抗裂性 ………………………………………………… 96
    5.3.4 水稳定性 …………………………………………………… 98
    5.3.5 疲劳性能 …………………………………………………… 101
  5.4 AC-20混合料设计及性能研究 ………………………………… 106
    5.4.1 AC-20混合料级配及油石比确定 ………………………… 106
    5.4.2 AC-20混合料路用性能 …………………………………… 106
  5.5 本章小结 ………………………………………………………… 111

第6章 温拌橡胶/SBS复合改性沥青及混合料性能研究 …………… 113
  6.1 温拌橡胶沥青研究现状 ………………………………………… 115
  6.2 温拌剂材料及微观特征 ………………………………………… 116
  6.3 温拌橡胶/SBS复合改性沥青制备及性能 …………………… 117
    6.3.1 常规性能研究 ……………………………………………… 118
    6.3.2 黏温曲线研究 ……………………………………………… 119
    6.3.3 流变性能研究 ……………………………………………… 121
    6.3.4 储存性能研究 ……………………………………………… 123
  6.4 温拌橡胶/SBS复合改性沥青混合料性能研究 ……………… 124
    6.4.1 高温稳定性 ………………………………………………… 125

3

  6.4.2 低温抗裂性 ·················································· 126
  6.4.3 水稳定性 ···················································· 128
  6.4.4 疲劳性能 ···················································· 130
 6.5 本章小结 ·························································· 133

## 第7章 橡胶复合改性沥青混合料的生产配合比设计 ············ 135
 7.1 配合比设计流程 ·················································· 137
 7.2 RAC-13 生产配合比设计 ········································ 139
  7.2.1 原材料 ······················································ 139
  7.2.2 热料仓筛分及生产配合比调试 ··························· 141
  7.2.3 生产配合比设计确定及最佳油石比 ······················ 142
  7.2.4 生产配合比设计性能检验 ································· 144
 7.3 RAC-20 生产配合比设计 ········································ 144
  7.3.1 原材料 ······················································ 144
  7.3.2 热料仓筛分及生产配合比调试 ··························· 146
  7.3.3 生产配合比设计确定及最佳油石比 ······················ 147
  7.3.4 生产配合比设计性能检验 ································· 149
 7.4 沥青混合料的生产配合比影响因素 ···························· 149
  7.4.1 料仓出料速度 ·············································· 149
  7.4.2 振动筛网 ···················································· 150
  7.4.3 沥青用量变异性 ··········································· 150
 7.5 本章小结 ·························································· 151

## 第8章 橡胶/SBS 复合改性沥青路面施工关键工艺 ············ 153
 8.1 试验工程概况 ···················································· 155
 8.2 施工质量保证措施 ··············································· 156
 8.3 施工准备 ·························································· 157
  8.3.1 下承层检查验收 ··········································· 157
  8.3.2 黏层油喷洒 ················································ 157
  8.3.3 测量放样 ···················································· 158
  8.3.4 沥青混合料调试与生产 ··································· 158
 8.4 拌和、运输、压实及接缝处理 ································· 159
  8.4.1 拌和 ·························································· 159

  8.4.2 运输 ·············································· 161
  8.4.3 摊铺 ·············································· 161
  8.4.4 压实 ·············································· 163
  8.4.5 接缝处理 ·········································· 165
 8.5 施工质量及后续工艺推荐 ································· 166
  8.5.1 施工质量检测 ······································ 166
  8.5.2 大规模施工工艺推荐 ································ 168
 8.6 施工安全保证措施 ······································· 170
  8.6.1 路面摊铺施工中采取的安全措施 ···················· 170
  8.6.2 摊铺机作业中的安全措施 ·························· 171
  8.6.3 沥青混合料拌和设备安全规定 ······················ 173
 8.7 经济社会效益分析 ······································· 173
  8.7.1 经济效益分析 ······································ 173
  8.7.2 社会效益分析 ······································ 175
 8.8 本章小结 ··············································· 175

第9章 结论 ···················································· 177

参考文献 ······················································ 183

# 第 1 章

绪论

## 1.1 研究背景与意义

随着我国交通基础建设的投入和规模不断增加,截至2022年底,我国公路通车里程535万km,其中高速公路17.7万km,当前已通车的路面中绝大部分为沥青路面。但随着交通量不断增大,车辆的轴载和轴重不断提升,采用普通沥青铺筑的沥青路面会出现裂缝、车辙、松散和剥落等病害类型,致使路面的使用质量和性能受到影响。特别是我国地域辽阔,不同地区气候条件和交通条件差异较大,复杂多变的因素对沥青性能提出了更高的要求。

与此同时,随着车辆需求的增多,废旧轮胎的生成量会越来越多。据统计,2021年,我国废旧轮胎产生量约为3.3亿条,由于废旧轮胎的回收利用率较低,大量的轮胎被填埋或焚烧,导致环境污染和资源浪费(图1.1)。因此,加强废旧轮胎的回收利用,对于保护环境和节约资源十分重要。近年来,由废旧汽车轮胎引发的一些安全隐患问题屡见不鲜,比如长期堆积的废旧汽车轮胎导致的事故火灾以及环境社会影响问题(图1.2),这是一个密切关乎自然和人们日常生存环境的社会问题。

如何才能够较好地处理这些废旧的汽车轮胎,或者如何才能够将废旧的轮胎重新利用起来,已经成了我们当今社会的一项重要任务。废旧橡胶轮胎的再利用方式主要有旧轮胎翻新、直接燃烧、高温裂解、制备再生胶等,其中在道路方面的应用主要是制成胶粉,作为沥青改性剂添加进入沥青中。

图 1.1　废旧轮胎　　　　　　　　图 1.2　废旧轮胎引发火灾

橡胶粉改性后的沥青比基质沥青具有更好的高温性能、低温性能和抗老化性能。同时，橡胶颗粒的弹性能使道路更舒适，降低噪音。从废旧轮胎制备的橡胶粉工艺简单、成本低廉，可将"黑色污染"变废为宝。但橡胶粉单独添加改性效果有限，掺量较低时无法达到改性效果；掺量过高时，改性效果显著但体系黏度上升过快，使得沥青变得黏稠，分散复杂，不便施工。尽管当前橡胶沥青具有节能、环保和经济等特性，但由于橡胶沥青的存储稳定性、施工和易性以及性能表现等因素的限制，在部分地区应用时仍然存在性能不佳的问题。

与此同时，采用聚合物改性沥青可以有效提升沥青的高温抗车辙性能、低温抗裂性能和抗老化性能，当前已经成为国内外研究的重点。在众多聚合物改性材料中，应用最广泛的为 SBS 改性沥青，SBS 即苯乙烯-丁二烯-苯乙烯嵌段共聚物。但是随着 SBS 改性沥青需求量的增大，SBS 改性剂价格不断升高，导致改性沥青生产成本过高，且 SBS 改性沥青存在服役温度范围较窄、容易出现老化等问题。

综上所述，SBS 改性沥青和橡胶沥青各具优缺点。虽然 SBS 改性沥青性能良好，但价格较高；橡胶沥青环保且成本低，但性能不稳定。为了发挥不同改性剂之间的优势互补，道路工作者提出了一种新的思路——SBS/胶粉复合改性沥青。目前，国内外对 SBS/胶粉复合改性沥青的研究逐渐增多，也有少量工程实例，其应用技术日益成熟。然而，对于 SBS/胶粉复合改性沥青的研究仍存在一些尚未达成一致结论的问题，如复合改性沥青中两种改性剂的合理掺量组合、复合改性沥青的性能表现、复合改性过程中两种改性剂的互相作用机理,以及复合改性沥青混合料适用的级配类型等。

基于此,本书结合我国橡胶沥青的研究现状,在借鉴国内外相关研究成果的基础上,开展了复合改性橡胶沥青在高速公路上应用关键技术的研究。在提高传统橡胶改性沥青的施工和易性与热贮存稳定性上,提升橡胶沥青混合料的性能,对进一步推广应用橡胶沥青具有一定的工程应用价值和实用意义。

## 1.2 国内外研究现状

### 1.2.1 橡胶改性沥青国内外研究现状

橡胶沥青改性的研究在 19 世纪 80 年代就已开始,当时英国产生了第一个将天然橡胶用于沥青改性的专利。然而,真正开始研究废胎胶粉沥青制备技术和性能评价的研究是在 20 世纪 50 年代,McDonald 发明了胶粉改性沥青,其主要成分包括基质沥青、轮胎橡胶和多种添加剂。随后在 20 世纪 60 年代,开始陆续铺筑废胎胶粉沥青的试验路面,这标志着橡胶沥青在实际应用中的初步突破。之后,研究人员根据橡胶沥青的特性和实际应用需求,不断修改和改进橡胶沥青的配方和制备工艺,以提高其抗老化性能、耐久性和路面质量。

20 世纪 70 年代,美国亚利桑那精炼公司将橡胶粉预处理后制备成脱硫橡胶粉,并成功地将其加入沥青中制备成橡胶粉改性沥青。20 世纪 80 年代中期,美国橡胶沥青制品同业公会应运而生,推动了橡胶粉改性沥青在工程应用中的推广。1991 年,由于废旧轮胎对环境造成的压力,美国政府通过了《陆上综合运输经济法案(ISTEA)》,该法案的第 1038 条款公开了对再生路面材料的相关规定,并要求从 1994 年起,使用联邦经费的热拌沥青混合料必须使用 5% 的橡胶沥青混合料,并逐年增加 5%,直至 1997 年达到 20%。这一决策在很大程度上推动了废旧轮胎在公路工程中的研究和应用。在 21 世纪前后,美国的科研机构开始广泛研究橡胶沥青及橡胶沥青混合料。其中,伊利诺伊大学在美国交通运输研究委员会(TRB)78 届年会上提交的会议论文中公开了沥青和橡胶粉作用机理等方面的研究成果。这些研究对于推动橡胶沥青的研究和应用起到了重要的作用。

目前，美国加利福尼亚等州已经确认橡胶沥青路面具有卓越的耐用性能，并已经建立了一整套完善的橡胶沥青使用系统。南非也成功地将废旧轮胎橡胶沥青用于公路建设，并证实这种路面可以经过 20～25 年的使用仍然保持完好。他们的经验表明，橡胶沥青特别适用于承受超重轴载的道路。目前，南非超过 60% 的道路沥青都使用橡胶沥青，与美国加利福尼亚州一样，已经建立了一整套与橡胶沥青相关的技术标准。然而，日本在橡胶沥青路面应用方面的经验表明，尽管橡胶沥青路面可以显著提升道路性能，但在施工过程中存在较大困难，例如碾压困难、压实不足和空隙率增大等问题。

瑞典在 20 世纪 60 年代开发出了一种干法工艺，该工艺直接在沥青混合料中掺入橡胶粉。法国也是橡胶沥青使用较多的国家之一，到 1995 年，法国已经累计铺筑了超过 100 万 $m^2$ 的橡胶沥青路面。德国在同时期也开始生产改性沥青及其混合料，并在 20 世纪 90 年代广泛应用改性沥青混合料作为路面结构层。奥地利在 20 世纪 80 年代就在薄层和超薄层热铺改性沥青混合料方面取得了成功，典型的例子就是萨尔茨堡至维也纳高速公路。虽然已经过去了多年，但该路段的部分路面仍然保持着良好的可通行性。

除了上述提到的国家外，还有其他一些国家也在改性沥青方面取得了一定的成就。例如，澳大利亚在 20 世纪 90 年代开始使用橡胶改性沥青，并在一些高速公路和城市道路上应用成功。俄罗斯也在改性沥青方面开展了研究工作，并在一些地区的路面工程中采用了该技术。加拿大、韩国和芬兰等国家也在不同程度上使用了橡胶沥青，取得了一定的效果。

我国在橡胶沥青方面的研究起步较晚，直到 20 世纪 80 年代，才在江西、四川等地展开了相关研究并铺筑试验路段。然而，当时的技术和设备受限，导致制备的胶粉不够精细，因此这项技术未能有效推广。随后，许多国内研究所，特别是以石油大学重质油研究所为代表的机构，开始开展废胶粉改性沥青的大量研究。这些研究为我国后续研究奠定了坚实的基础。

为了进一步研究改良橡胶沥青和混合料，2001 年，交通运输部公路科学研究院首次将含 30% 橡胶沥青用于钢桥的桥面铺装。经过长达 4 年多的跟踪检测，该桥面的各项性能指标一直保持在良好水平。2003 年，北京市交通委员会立项进行了关于废胎橡胶粉改性沥青的应用技术研究，并针对北京地区详细编制了《北京市废胎粉沥青及混合料设计施工技术指南》。此后,橡胶沥青在我国得到广泛推广和应用。2006年,北京市发布了橡胶沥青及混合料施工技术指南,同年海口举办的技术交流会,都对橡胶沥青的应用产生了积极的推动作用。"十二五"规划后,西安公路研究院发布了《橡胶沥青路面施工技术规范》,同时我国也逐渐向资源节约型、环境友好型社会发展,我国更加注重橡胶沥青的环保意义和经济效益。

国内研究主要聚焦在橡胶沥青改性工艺和性能评价方面。废胎胶粉改性沥青的制备工艺研究,包括剪切温度、剪切时间和剪切速率等参数对其性能的影响。研究表明在合理的制备工艺下,不仅可以实现废旧材料的回收利用,还能提升废胎胶粉改性沥青的性能。同时研究发现,胶粉的掺量对橡胶沥青的三大指标有着显著的影响,当胶粉掺量小于15%时,针入度会随着胶粉掺量的增加而减小;然而,当掺量超过15%后,针入度反而明显增大。总体而言,随着胶粉掺量的增加,软化点会有所提高,但当掺量超过25%后,软化点却开始下降。此外,当胶粉的掺量低于5%时,胶改沥青的延度指标并不高,然而随着胶粉掺量的进一步增加,延度则会在不同程度上增加。在混合料方面,国内也对橡胶沥青混合料的路用性能进行了研究,发现提高沥青用量和降低空隙率能够有效提高混合料的疲劳性能,AC-13连续级配有更好的疲劳性能和高温性能。

## 1.2.2 橡胶复合改性沥青国内外研究现状

为了解决胶粉改性沥青在混合料的拌和、运输、摊铺和碾压过程中难以控制的高温稳定性问题,以及胶粉改性沥青与矿物集料相互干扰导致的压实度低和松散脱落问题,国内外的研究学者试图通过添加不同的改性剂与胶粉改性沥青进行复合改性,并进行相关的分析和研究,以期望获得具有更出色路用性能的复合胶粉改性沥青混合料。这种复合改性方法可以通过引入其他改性剂来弥补胶粉改性沥青的不足,并改善混合料的性能。通过合理选择和配比改性剂,可以改善胶粉改性沥青的高温稳定性,抑制胶粉的发育和溶胀过程。此外,通过复合改性可以提高胶粉改性沥青与矿物集料的相容性,减少相互干扰,从而提高混合料的压实度和耐久性。

近年来,采用废旧橡胶粉与SBS改性沥青混合,逐渐在改性沥青研究领域中受到关注。科研人员通过大量试验研究取得了一定进展。在生产工艺方面，将橡胶粉与沥青简单混合后进行机械搅拌，并采用胶体磨的高剪切方法进行剪切研磨，称为高剪切法(或湿法)。这种高剪切胶体磨的方法可以使橡胶粉颗粒更细，从而使橡胶粉在沥青中的分散更加均匀，有助于提高沥青的改性效果和储存稳定性。采用胶体磨湿法加工橡胶粉改性沥青可以充分混合橡胶粉和聚合物(SBS)，制备具有优异性能的改性沥青。

Punith 等人通过进行汉堡车辙试验，研究了 PE/胶粉复合改性沥青混合料的高温性能，发现不同掺量的 PE 对改性效果的影响并不一致，其中以掺量为 5% 的 PE/胶粉复合改性沥青混合料展现出最佳的抗车辙性能。Rasool 等人发现将胶粉加入 SBS 改性沥青后，改性沥青的抗紫外老化性能得到改善，并认为是胶粉中的硫元素与氧元素形成的亚砜基改善了复合改性沥青的抗老化性能。Ghaly 等人将硫黄加入胶粉/SBS 复合改性沥青中发现改性沥青的储存稳定性得到提升，并认为硫黄的加入使得改性沥青中形成了化学键，且对沥青针入度指数有积极影响。Easa 等人通过流变试验中的能量损耗和玻璃化转变温度来评估复合改性沥青的阻尼特性，以此来表征其降噪性能。他们还利用差示扫描量热仪和扫描电镜分析了复合改性沥青的机理。研究结果表明，在胶粉和 SBS 共同作用下，沥青的有效阻尼对应的温度范围有所增加，从而提高了沥青路面的降噪性能。

国内研究者对复合胶粉改性沥青混合料进行了研究，并逐步展开。早在 1995 年，218 国道的部分路段就使用了 PE 复合胶粉改性沥青混合料铺设实体路面，并发现其路用性能良好。王仕峰等人进行了 SBS 和炭黑的复合改性沥青试验研究，发现其不仅显著增加了沥青的软化点，还明显提高了沥青的低温延度。陈丽通过进行沥青混合料的基础性能试验，研究了不同级配和制备方法下废塑料-胶粉改性沥青混合料的路用性能，发现任意一种废塑料-胶粉改性沥青混合料的路用性能明显优于胶粉改性沥青混合料。

韦大川等人通过进行正交试验，研究了废旧轮胎胶粉和 SBS 掺量对沥青混合料吸声系数的影响。经过对沥青相关技术性质结果的分析，他们选择了性能最优的组合，并将这项研究应用于实际工程中。陈莉对胶粉/SBS 复合改性沥青进行研究后，发现掺入胶粉和 SBS 后，沥青的针入度减小，延度和弹性恢复性能增加。卢晓明等人配制了不同胶粉掺量和 SBS 掺量的胶粉/SBS 复合改性沥青，并以针入度、软化点、延度、旋转薄膜烘箱老化试验分析各个掺量的性能后，得出最佳掺量：胶粉为10%，SBS为4%。郭吉坦进行了对90号基质沥青的复合改性研究，并发现了获得性能最佳的复合改性沥青的工艺。具体工艺包括：剪切速度为8 000 r/min；在胶粉改性时，试验温度应为160℃，胶粉的掺量应为16%；随后，在加入SBS后，温度应升至180℃，SBS的掺量为5%；另外，在改性时，胶粉应在SBS之后加入。

  杨光、申爱琴等人讨论了胶粉/SBS复合改性沥青在低温环境中应用的可行性，通过试验发现，在低温环境下胶粉/SBS复合改性沥青也能具有很好的抗变形能力。邹进忠等人提出了一种胶粉部分分解的工艺，该工艺的原理是将胶粉、SBS和沥青放入温度达到300℃的电炉中。高温下，胶粉的底部会部分分解为烃类物质，这些小分子物质会逐渐渗透到沥青中，同时沥青体系中的胶粉微粒会逐渐减少，使得胶粉能够均匀地分布在沥青中。通过这种方式，能够在不影响胶粉/SBS复合改性沥青性能的情况下，显著增加胶粉的掺量。

  国内研究发现胶粉/SBS复合改性沥青混合料在高温抗车辙能力、低温抗开裂能力和疲劳寿命方面都明显优于SBS改性沥青混合料和胶粉改性沥青混合料。万长利通过对比研究发现，胶粉/SBS复合改性沥青混合料具有较好的高温抗变形和低温抗开裂能力。万长利对比研究了胶粉/SBS复合改性沥青混合料和SBS改性沥青混合料的路用性能，发现前者具有较好的高温抗变形和低温抗开裂能力。张耀通过动态剪切流变试验（DSR）和弯曲梁蠕变试验（BBR）研究了SBS/废旧橡胶粉复合改性的高黏沥青的高低温性能，并结合高温车辙试验和低温小梁弯曲试验研究了相应混合料的高温抗车辙性能和低温抗开裂性能，最后基于荧光显微镜对其改性机理进行了解释。

  橡胶粉和SBS都能对沥青路面的性能进行一定程度的改善。然而，橡胶粉与沥青的相容性较差，而SBS改性沥青的成本较高且抗老化能力不够理想，这些都是它们不可避免的缺点。因此，一些学者认为由于橡胶粉中含有一定量的丁苯橡胶，与SBS的化学结构相似，它们的极性相近，可能可以将它们复合改性，以期获得性能更优的改性沥青。周志刚等人在多雨地区制备了高黏复合改性沥青，该沥青不仅具有良好的热稳定性，还显著提高了高温性能。此外，刘勇等人、王笑风等人和于丽梅等人观察了复合改性沥青的微观结构,发现 SBS 和橡胶粉形成了均相的网状结构,这提高了复合改性沥青的抗变形韧性。这些研究都验证了 SBS 和橡胶粉复合改性的可行性,并且根据不同的制备方法和材料,它们在性能上也呈现出不同的优势。

## 1.3 研究内容及技术路线

本书响应国家"双碳"战略,符合交通运输实施绿色发展、强化生态保护和污染防治的战略要求,针对复合改性橡胶沥青在高速公路上应用关键技术开展深入研究。主要的研究内容如下:

(1) 橡胶/SBS 复合改性沥青制备研究

将废胎胶粉和 SBS 改性剂共同加入沥青时,其内部的组成和变化非常复杂。其中胶粉、SBS 的掺量以及改性沥青的制备工艺直接影响了复合沥青的性能。基于此,本部分重点对复合改性沥青的原材料及性能要求、复合改性沥青适宜比例、复合改性沥青的生产条件等开展研究,从而推荐高性能胶粉/SBS 复合改性沥青制备工艺。

(2) 橡胶/SBS 复合改性沥青胶结料性能的研究

在确定橡胶粉、SBS 改性剂各自最佳掺量及适宜剪切温度的基础上,采用动态流变剪切试验(DSR)、多应力重复蠕变恢复试验(MSCR)、低温小梁弯曲蠕变试验(BBR)等开展橡胶/SBS 复合改性沥青高温、低温、疲劳和抗老化性能的研究。通过这些物理、流变来综合评价橡胶/SBS/复合改性沥青的性能。

(3) 橡胶/SBS 复合改性沥青改性机理研究

采用红外光谱、荧光显微镜、差示扫描量热、凝胶色谱等方法,获得沥青的分子结构、荧光信号、吸放热情况、分子量,并对橡胶/SBS 复合改性沥青改性机理进行研究。

(4) 橡胶/SBS 复合改性沥青混合料设计及性能研究

针对常用的 AC-13 和 AC-20 型级配结构进行研究。设计基质沥青、SBS 改性沥青、橡胶/SBS 复合改性沥青的配合比。通过进行高温车辙试验、低温小梁弯曲试验、浸水马歇尔试验、冻融劈裂试验和四点弯曲疲劳试验,对比分析橡胶/SBS 复合改性后,AC-13 和 AC-20 的高温稳定性、低温抗裂性、水稳定性和抗疲劳性能。

(5) 温拌橡胶/SBS复合改性沥青及混合料性能研究

开展橡胶粉/SBS/温拌剂复合改性沥青的制备,对其常规性能、黏温曲线、流变性能及储存性能开展研究;而后设计温拌橡胶/SBS沥青混合料,开展其高温性能、低温抗裂性、水稳定性和疲劳性能的研究。

(6) 橡胶复合改性沥青混合料的生产配合比设计

在室内试验的基础上,结合现场工程应用的原材料,开展橡胶复合改性沥青混合料的生产配合比设计,确定矿料级配、最佳沥青用量,供拌和机确定料仓的比例、进料速度及试拌使用。

(7) 橡胶/SBS复合改性沥青路面施工关键工艺

针对橡胶/SBS复合改性沥青的特点,结合试验工程,开展橡胶/SBS复合改性沥青路面施工关键工艺的系统研究,主要包括施工质量保证措施,施工准备,拌和、运输、压实及接缝处理,施工质量及后续工艺推荐,施工安全保证措施,经济社会效益等,以确保橡胶/SBS复合改性沥青路面施工质量。

# 第 2 章

## 橡胶/SBS 复合改性沥青制备研究

将废胎胶粉和 SBS 改性剂共同加入沥青时，其内部的组成和变化非常复杂。其中胶粉、SBS 的掺量以及改性沥青的制备工艺直接影响了复合沥青的性能。基于此，本章重点对复合改性沥青的原材料及性能要求、复合改性沥青适宜比例、复合改性沥青的生产条件等开展研究，从而推荐高性能胶粉/SBS 复合改性沥青制备工艺。

## 2.1 橡胶/SBS 复合改性沥青原材料

### 2.1.1 基质沥青

沥青的性能与其不同组分的含量密切相关，因此各组分的比例会直接影响沥青的性能。为了保证实验结果的准确性，本书所使用的沥青样品都选用了 70# 基质沥青。该沥青的基本技术指标如表 2.1 所示。由表 2.1 可知，所采用的 70# 道路石油沥青的各项性能指标均能满足重交通道路石油沥青的技术指标要求。

表 2.1　基质沥青技术指标

| 指标 | 单位 | 结果 | 规范值 |
| --- | --- | --- | --- |
| 针入度（25℃） | 0.1 mm | 67.6 | 60～80 |
| 软化点 | ℃ | 48.5 | ≥45 |
| 延度（10℃） | cm | >100 | ≥25 |

续表

| 指标 | 单位 | 结果 | 规范值 |
| --- | --- | --- | --- |
| 动力黏度(60℃) | Pa·s | 298 | ≥180 |
| 闪点 | ℃ | 280 | ≥260 |
| RTFOT残留物 | | | |
| 质量变化 | % | −0.13 | ≤±0.8 |
| 残留针入度比 | % | 78.2 | ≥61 |
| 残留延度(10℃) | cm | 85 | ≥6 |

## 2.1.2　SBS 改性剂

SBS 改性剂是一种热塑性弹性体,具有橡胶和塑料的双重特性。其在常温下表现出橡胶的弹性性能,在高温下则可以像热塑料一样流动。本书所使用的 SBS 改性剂的型号为 YH-791,如图 2.1 所示。

图 2.1　SBS 改性剂

SBS 是一种高分子聚合物材料,其分子量很大,链结构非常复杂,同时具有晶态和非晶态两种状态。SBS在室温下具有橡胶的弹性，而在高温下可以变得容易塑形，这种特性使得SBS成为一种非常好的沥青改性剂。在SBS分子中，聚丁二烯链段组成连续的橡胶相，而聚苯乙烯链段则分散在橡胶相中形成了微小的塑料相。这两种链段之间有未硫化的化学键相连，在一定的温度范围内，聚苯乙烯微相区可以对聚丁二烯链段起到交联作用。当温度高于聚苯乙烯的玻璃化转变温度（100℃）时，SBS变得具有塑性；而当温度低于聚苯乙烯的玻璃化转变温度时，物理交联键又会重新形成，从而表现出硫化胶的性能，不再受硫化点的限制。因此，SBS具有化学或物理交联性质的可逆性。

本次所用SBS的技术指标如表2.2所示。

**表2.2 SBS技术指标**

| 指标 | 单位 | 结果 | 规范值 |
| --- | --- | --- | --- |
| 挥发分 | % | 0.25 | ≤1.00 |
| 灰分 | % | 0.15 | ≤0.2 |
| 拉伸强度 | MPa | 21.6 | ≥2.0 |
| 拉断伸长率 | % | 762 | ≥700 |
| 拉断永久变形 | % | 18 | ≤40.0 |
| 硬度 | 邵氏A | 75 | ≥68.0 |
| 熔体流动速率 | g/10 min | 0.06 | 0.01～0.50 |
| 结合苯乙烯含量 | % | 29.3 | 28.0～32.0 |

## 2.1.3 橡胶粉

废轮胎胶粉主要化学成分包括合成橡胶、可塑剂、炭黑和灰分等。橡胶具有强大的弹性和韧性，其分子结构通常为线型、支链型或交链型。当前国内外橡胶沥青的生产工艺主要包括室温粉碎、低温磨制、湿法磨碎和臭氧粉碎等。本次采用的橡胶粉经室温粉碎制备。常温破碎法是一种在室温下通过气缸剪切和破碎轮胎的生产方法。该方法先使轮胎断裂，再用高速旋转剪切涡轮机打磨，然后经过快速剪切机研磨、磁选机去除金属、鼓风机去除纤维杂质，最后分离出不同大小的胶粉颗粒。本次采用的橡胶粉如图2.2所示，其技术指标如表 2.3 所示。

图 2.2 橡胶粉

表 2.3 橡胶粉技术指标

| 指标 | 单位 | 结果 | 规范值 |
| --- | --- | --- | --- |
| 筛余物 | % | 7.8 | ≤10.0 |
| 灰分 | % | 7.4 | ≤8 |
| 含水率 | % | 0.5 | <1 |
| 相对密度 | g/cm³ | 1.16 | 1.1~1.3 |
| 金属含量 | % | 0.05 | ≤0.08 |
| 纤维含量 | % | 0.6 | <1 |
| 丙酮抽取物 | % | 7 | ≤10 |
| 炭黑含量 | % | 32 | ≥26 |
| 橡胶烃含量 | % | 49 | ≥42 |

## 2.2 复合改性沥青制备流程及性能评价方法

### 2.2.1 橡胶/SBS复合改性沥青制备流程

室内复合改性沥青的制备流程如下：① 将基质沥青放置于烘箱中，使其在温度范围为140～150℃时完全融化；② 加入不同质量的胶粉，在170℃的温度下，以5 000 rad/min的剪切速率剪切120 min，以确保完全溶解，加入相容剂后持续搅拌10 min；③ 将一定质量的SBS缓慢加入，以1 000 rad/min的搅拌速度搅拌40 min；④ 而后加入稳定剂，以5 000 rad/min的剪切速率剪切40 min后，放在150℃的保温箱中培养发育一定时间，即可制得橡胶/SBS复合改性沥青。

SBS用量和胶粉用量直接影响了橡胶/SBS复合改性沥青的技术性能，因此，本书重点对SBS和胶粉的用量开展优化研究。

### 2.2.2 橡胶/SBS复合改性沥青性能评价方法

橡胶/SBS复合改性沥青的性能采用25℃针入度、软化点、5℃延度、175℃旋转黏度、弹性恢复。考虑到胶粉/SBS双复合改性沥青使用过程中橡胶粉与沥青容易产生分层，为此增加了离析指标。相关试验方法如下：

1. 针入度试验

针入度是沥青的主要质量指标之一，用来表示沥青软硬程度和稠度、抗剪切破坏的能力，反映在一定条件下沥青的相对黏度的指标。试验测定方法按照T0604—2011[《公路工程沥青及沥青混合料试验规程》(JTG E20—2011)]方法进行。其是在规定温度25℃下，以规定质量100 g的标准针，在规定时间5 s内贯入沥青试样中的深度(1/10 mm为一度)表示。由于橡胶/SBS复合改性沥青存在颗粒，为了减小颗粒对试验结果的影响，试验时增加测试次数，每组样品均测试6次，测试的仪器设备如图2.3所示。

2. 软化点试验

沥青软化点是指沥青在加热过程中开始变软并失去固体特性的温度。

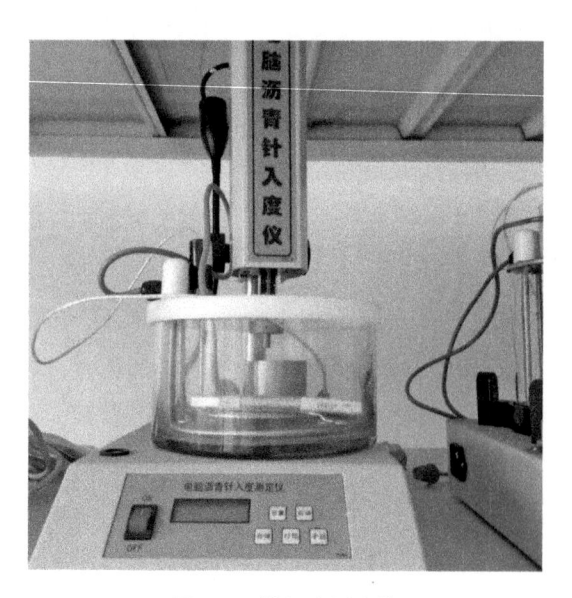

图 2.3 针入度测定仪

该法是将沥青试样注于内径为 18.9 mm 的铜环中,环上置一重 3.5 g 的钢球,在规定的加热速度(5℃/min)下进行加热,沥青试样逐渐软化,直至在钢球荷重作用下,使沥青产生 25.4 mm 挠度时的温度,称为软化点。测试的仪器设备如图 2.4 所示。

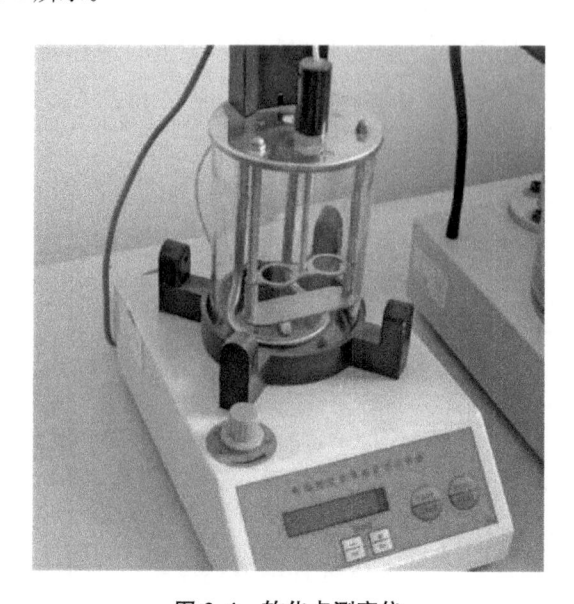

图 2.4 软化点测定仪

3. 延度试验

延度是评定沥青塑性的重要指标，通常沥青的延度越大，表明沥青的塑性越好。根据 T0605—2011 沥青延度测定法，本次试验的温度为 5℃，拉伸的速度为 5 cm/min。首先将沥青试样注入模具中，并在室温条件下冷却 15 min，使用加热的刀具沿模具表面将试样削平。然后将沥青及模具重新放回恒温水浴中，冷却 15 min。最后拆下模具取出沥青试样，并将其放在延度仪上进行拉伸试验以测定试样的延度值。测试的仪器设备如图 2.5 所示。

图 2.5　延度测定仪

4. 旋转黏度试验

布氏黏度计常用于测定较高温度下沥青材料的表观黏度。它通过转子在沥青试样中的转动来测量转动阻力所产生的扭矩，乘以仪器参数即可得到相应条件下的沥青材料的旋转黏度值。布氏黏度计可用于评价沥青的高温性能和易性，以及控制现场沥青混合料的拌和和压实过程。本次采用布氏旋转黏度仪，按照 T0625—2011，测定不同温度下的沥青旋转黏度值。测试的仪器设备如图 2.6 所示。

5. 弹性恢复

弹性恢复被广泛用作评价橡胶沥青材料弹性恢复能力的通用指标。它反映了材料在受到力后恢复原有形态的能力。测定弹性恢复率可通过延度试验来完成，该试验通过拉伸沥青试样一定长度后，测量其可恢复的变形百分比来评估材料的弹性恢复性能。弹性恢复试验在延度仪上进行，将试样拉伸至 10 cm，然后剪断并测量其残余长度，最后计算弹性恢复系数。本次试验

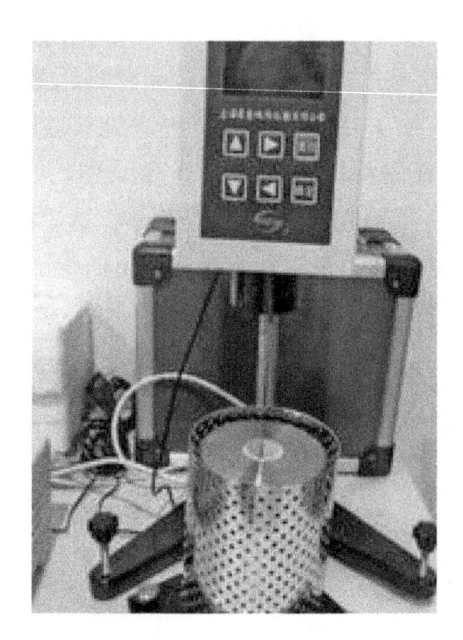

图 2.6　旋转黏度测定仪

的设定温度为 25℃,拉伸速率为(5±0.25) cm/min。

6. 离析评价

橡胶/SBS 复合改性沥青在热储存后产生离析的根本原因是胶粉颗粒与基质沥青之间的热力学相容性不良。即使通过机械混合,胶粉改性剂仍会逐渐上浮到改性沥青表面,影响其性能。本次采用离析软化点实验方法(T0661—2011)测定橡胶/SBS 复合改性剂与基质沥青的相容性。具体方法是将制备的橡胶/SBS 复合改性沥青置于铝制离析管(图 2.7)中,并将其封闭后放入 163℃±5℃的环境中,保温 48 h,而后将离析管冷置后,将其中沥青分为三部分,取上部和下部沥青样品,开展软化点测试,得到上部和下部软化点的差值,即可用于离析评价。

随着橡胶粉掺量的增加,橡胶沥青在施工温度下的黏度会随之升高,过高的黏度会给沥青的泵送以及混合料的拌和、摊铺等带来困难。美国亚利桑那州规定橡胶沥青在 177℃的黏度应在 1.5~4.0 Pa·s 之间,以满足施工的要求。在本次橡胶/SBS 复合改性沥青研究时,也增加 177℃的黏度指标要求,如表 2.4 所示。

图 2.7　铝制离析管

表 2.4　聚合物胶粉复合改性沥青技术要求

| 项目 | 单位 | 技术要求 |
| --- | --- | --- |
| 135℃旋转黏度 | Pa·s | 2.0~3.5 |
| 177℃旋转黏度 | Pa·s | 1.5~4.0 |
| 25℃针入度(0.1 mm,100 g,5 s) |  | 40~60 |
| 软化点 | ℃ | >65 |
| 弹性恢复(25℃) | % | >80 |
| 延度(5℃,5 cm/min) | cm | >20 |
| 离析软化点差 | ℃ | <3 |

## 2.3 橡胶/SBS复合改性沥青制备及优化

### 2.3.1 胶粉用量对复合沥青影响及最佳用量确定

橡胶的加入会吸附沥青中的轻组分,导致沥青的黏度增大,从而降低橡胶沥青的改性效果。因此,橡胶的掺量对沥青的改性效果至关重要。如果掺量过少,改性效果不明显;而掺量过多,则会对其他性能造成损害,整体改性效果不佳。为了研究橡胶掺量对复合改性橡胶沥青性能的影响,选取不同的胶粉用量(10%、15%、20%、25%、30%),控制SBS用量3%,相容剂用量1.0%,稳定剂用量0.5%,发育时间180 min。图2.8为不同胶粉用量下橡胶/SBS复合改性沥青性能。

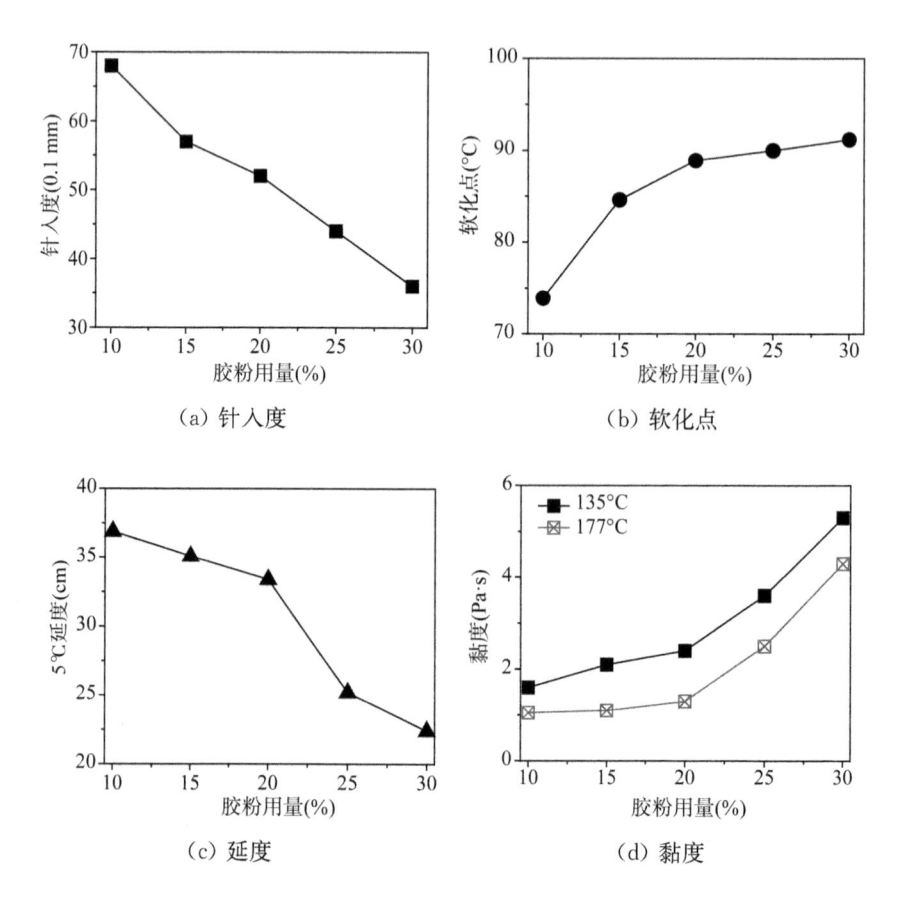

(a) 针入度

(b) 软化点

(c) 延度

(d) 黏度

（e）弹性恢复　　　　　　　　　　（f）软化点差

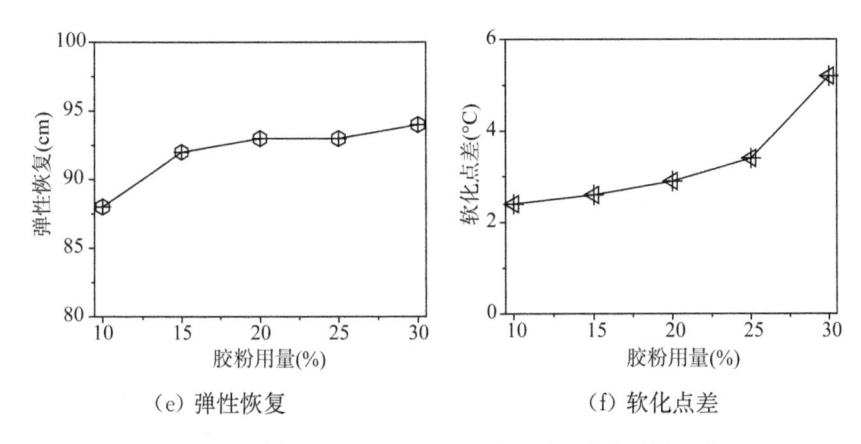

**图 2.8　胶粉用量对橡胶/SBS 复合改性沥青性能的影响**

从图 2.8(a)的结果可知，胶粉的掺量对橡胶/SBS 复合改性沥青的针入度影响较大。随着胶粉掺量的增加，橡胶/SBS 复合改性沥青的针入度逐渐降低，当胶粉用量从 10% 增加至 30% 时，其针入度降低幅度为 47%。其原因是胶粉加入沥青时，胶粉会在沥青的液相油分中形成固相，与分散相的胶质和沥青质结合在一起，形成空间网状结构，导致针入度下降。

从图 2.8(b)的结果可知，随着橡胶粉的添加量增加，沥青的软化点也随之提高。当橡胶粉掺量达到 15% 时，软化点的增加幅度变得缓慢。这是因为当橡胶粉与热沥青混合后，在热能和机械力的作用下，橡胶颗粒吸收了沥青中的轻组分，导致橡胶颗粒开始膨胀。这种膨胀使得沥青的结构变得相对疏松，并且具有一定的黏性。此外，基质沥青中的部分油分也被吸收并变得更加黏稠，从而使得胶粉沥青的软化点升高。然而，当橡胶粉的掺量达到一定程度时，其在沥青中的溶解能力下降，改性效果减弱。

从图 2.8(c)的结果可知，延度随着橡胶粉掺量的增加而减小。当胶粉的用量增加时，橡胶粉颗粒会在沥青中形成小团聚。由于沥青中分散介质的减少，这些小团聚的橡胶粉颗粒无法与沥青充分结合或接触，从而导致胶粉沥青的黏结性能下降。当延度试件受拉时，胶粉与沥青团聚部位容易引起应力集中，引发沥青与胶粉的脱落，从宏观上表现为橡胶/SBS 复合改性沥青延度值和断裂拉力值均变小。

从图 2.8(d)的结果可知，随着胶粉掺量的增加，177℃黏度逐渐增大。相关研究表明，橡胶沥青在 177℃温度条件下的黏度最为稳定，可有效评价其施工性能。177℃黏度增加的原因是橡胶粉掺量增加时其吸收轻质组分溶胀，当胶粉含量较低时，基质沥青的相对含量很大，胶粉混合沥青后吸收轻组分的量有限，对沥青的黏滞性影响较小，同时胶粉颗粒完全分散在沥青中，胶粉颗粒之间的摩擦和碰撞作用较弱，改性沥青的黏度增幅较小。而当胶粉掺量超过25%后，橡胶/SBS复合改性沥青的黏度急剧增加，这是由于胶粉掺量的持续增大，导致胶粉吸收沥青轻组分的量增加很多，沥青稠度增大，胶粉的颗粒作用增强，界面之间发生摩擦和碰撞的概率更大，胶粉与沥青的交互作用更加充分，因此黏度的增大程度越来越高。

从图2.8(e)的结果可知，随着胶粉用量的增加，橡胶/SBS复合改性沥青的弹性恢复能力也在不断增大。橡胶沥青优良的路用性能与其良好的弹性恢复性能是分不开的。良好的弹性恢复性能可以减小路面材料在荷载作用下的残余变形，提高路面的疲劳强度，减少路面损坏。本次试验结果可知，胶粉用量的增加可提升其弹性恢复能力，但在15%~30%范围内，橡胶/SBS复合改性沥青的弹性恢复能力增加较为平缓。

从图2.8(f)的结果可知，随着胶粉用量的增加，橡胶/SBS复合改性沥青的软化点差也在不断增加。当胶粉的掺量较低时，胶粉容易均匀分散在沥青中，并迅速发生裂解反应，形成稳定的空间网络结构，离析程度不明显。然而，随着胶粉掺量的增加，胶粉只会在沥青中发生物理溶胀，形成团状物。当胶粉的掺量达到一定程度时，部分胶粉会以游离态分布在沥青中，导致离析程度增加。

综上所述，胶粉用量变化对橡胶/SBS复合改性沥青的性能影响显著。根据表2.4的技术要求，当胶粉用量超过25%时，177℃旋转黏度和软化点差不满足要求；当胶粉用量低于15%时，135℃旋转黏度不满足大于2.0 Pa·s的要求。因此，综合橡胶/SBS复合改性沥青的技术性能，胶粉用量建议在15%~20%范围。

### 2.3.2　SBS用量对复合沥青影响及最佳用量确定

由于SBS改性沥青具有优良的路用性能，在我国高等级沥青路面中得到了广泛的应用。本次在对胶粉用量影响及最佳用量确定的基础上，开展SBS用量影响及最佳用量确定研究。研究时，调整SBS用量范围为2%~6%，控制胶粉用量20%,相容剂用量1.0%,稳定剂用量0.5%,发育时间180 min。图2.9为不同SBS用量下橡胶/SBS复合改性沥青性能。

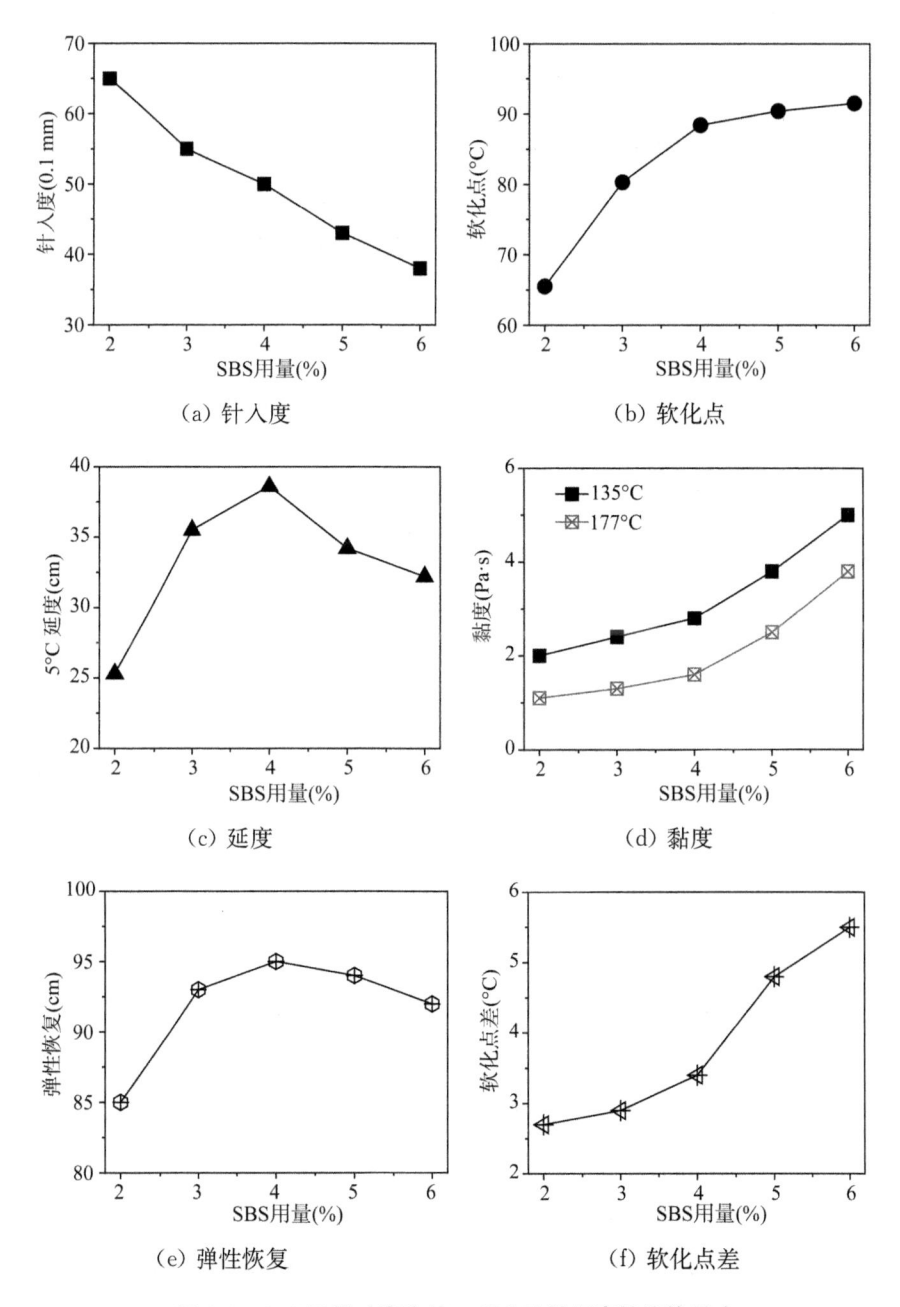

(a) 针入度

(b) 软化点

(c) 延度

(d) 黏度

(e) 弹性恢复

(f) 软化点差

**图2.9　SBS用量对橡胶/SBS复合改性沥青性能的影响**

从图 2.9(a)的结果可知，SBS 的掺量对橡胶/SBS 复合改性沥青的针入度影响较大。随着 SBS 改性剂的添加量增加，复合改性沥青的针入度值逐渐降低。这意味着加入 SBS 改性剂后，沥青的黏性增加，即变得更加黏稠。其原因是 SBS 改性剂加入后，会吸收沥青中较轻组分，导致轻组分减少，使沥青变得更硬，从而增强了其抵抗变形的能力。

从图 2.9(b)的结果可知，SBS 的掺量对橡胶/SBS 复合改性沥青的软化点有一定影响。SBS 改性剂的掺量增加时，复合改性沥青的软化点逐渐增加，这表明沥青在高温下的性能逐渐提高。因此，添加 SBS 改性剂有助于提高沥青的高温性能。当 SBS 的掺量从 2% 增加到 4% 时，软化点急剧增加，且曲线斜率较大。而当橡胶粉的掺量从 4% 增加到 6% 时，软化点上升速度减缓。

从图 2.9(c)的结果可知，随着 SBS 的掺量的增加，橡胶/SBS 复合改性沥青的延度呈现先增大后减小的趋势。当 SBS 改性剂掺量较低时（低于 4%），增加 SBS 含量可以提高其与沥青的相容性，从而提高沥青的低温延展性。然而，当继续增加 SBS 改性剂含量时（高于 4%），SBS 改性剂容易聚集形成结团。此时，基质沥青中的轻组分（如油类）不足以使 SBS 改性剂再次膨胀，从而对低温延展性产生负面影响。

从图 2.9(d)的结果可知，135℃ 和 177℃ 的旋转黏度随着 SBS 用量的增加而提高。说明在基质沥青中加入橡胶粉和 SBS 改性剂后，沥青的高温性能增强。当 SBS 改性剂掺量从 2% 增加至 4% 时，复合改性沥青的黏度值增长缓慢，曲线的斜率较小；而当 SBS 改性剂掺量从 4% 增加至 6% 时，复合改性沥青的黏度值增长快速，曲线的斜率相对较大。

从图 2.9(e)的结果可知，橡胶/SBS 复合改性沥青的弹性恢复随着 SBS 用量的增加呈现先增大后减小的趋势。当 SBS 改性剂掺量较低时（低于 4%），增加 SBS 含量可以提高橡胶/SBS 复合改性沥青的弹性恢复能力，而随着 SBS 改性剂掺量继续提升（超过 4%），橡胶/SBS 复合改性沥青的弹性恢复能力降低。其原因是当 SBS 用量较少时，其余胶粉均匀分散在沥青中，形成稳定的空间网络结构，因此具有良好的弹性恢复能力；而随着 SBS 用量持续增多,其和胶粉在沥青中聚集形成结团,导致 SBS、胶粉与沥青团聚部位容易引起应力集中,从而导致其弹性恢复能力降低。

从图 2.9(f)的结果可知,橡胶/SBS 复合改性沥青的软化点差随着 SBS 用量的增加呈现增大趋势,但其增加趋势分为两个阶段。当 SBS 用量在 2%~4%的范围时,软化点差的增加较为缓慢,说明 SBS 加入后,其与胶粉在沥青中存在一定的离析,但离析情况并不严重;而当 SBS 用量超过 4%时,软化点差随 SBS 用量急剧提升,表明当 SBS 用量较大时,其和胶粉在沥青中的离析明显,超过了离析软化点差小于 3℃的规定。

综上所述,SBS 用量变化对橡胶/SBS 复合改性沥青的性能影响显著。根据表 2.4 中的技术要求,当 SBS 用量超过 5%时,135℃旋转黏度和软化点差不满足要求;当 SBS 用量超过 3%时,软化点差值超过了 3℃,综合其他性能指标的变化范围,建议 SBS 用量 3%。

### 2.3.3　剪切温度对复合沥青性能影响及优化

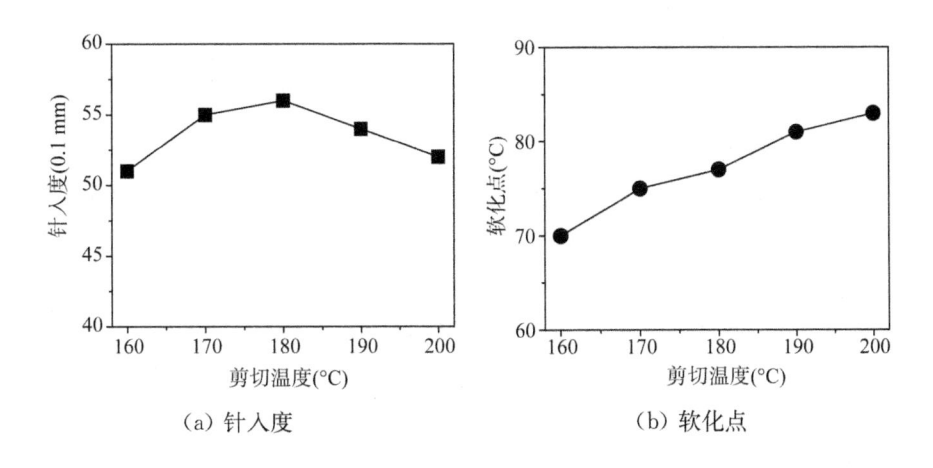

为了研究剪切温度对橡胶/SBS 复合改性沥青性能的影响,将胶粉加入沥青后分别设置剪切温度为 160℃、170℃、180℃、190℃、200℃,并以 5 000 rad/min 的剪切速率剪切 120 min,其余加工参数与上述制备流程一致。胶粉用量控制在 20%,SBS 用量控制在 3%。其对橡胶/SBS 复合改性沥青性能的影响如图 2.10 所示。

(a) 针入度

(b) 软化点

(c）延度

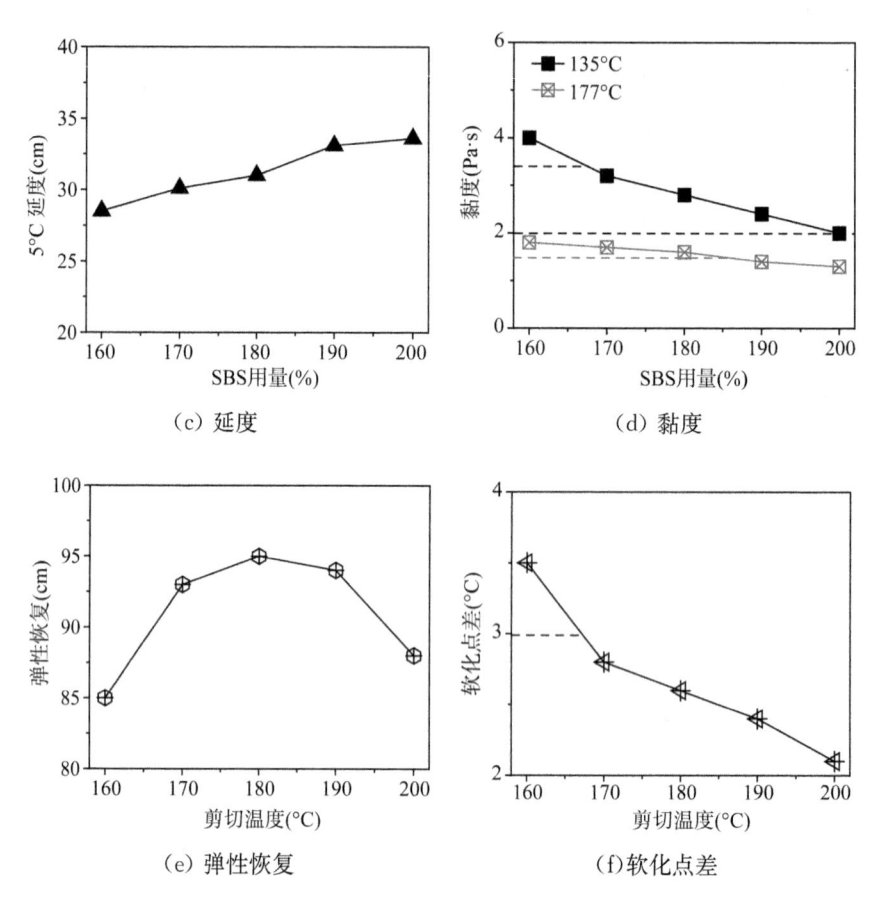

(d) 黏度

(e) 弹性恢复

(f) 软化点差

**图 2.10 剪切温度对橡胶/SBS 复合改性沥青性能的影响**

从图 2.10(a)可知,随着剪切温度的升高,橡胶/SBS 复合改性沥青的针入度呈现先升后降的趋势,并在 180℃达到最大,这表明剪切温度可以影响复合改性沥青的性能,其原因是剪切温度较低时,沥青的轻质组分难以扩散到橡胶粉中,橡胶粉难以充分溶胀,因此以颗粒的形式存在,导致针入度较大,而随着剪切温度逐步升高(高于 180℃),SBS 与胶粉充分溶胀,胶粉发生脱硫反应,此时复合改性沥青的针入度降低。

从图 2.10(b)可知,随着剪切温度的升高,橡胶/SBS 复合改性沥青的软化点呈现上升的趋势,其原因是当剪切温度较低时,SBS 与胶粉在沥青中未能充分溶胀,尚未形成稳定的网络结构;而随着剪切温度的升高,胶粉颗粒吸收沥青中的轻质组分发生溶胀,而胶粉掺量增加,吸收的轻质组分越多,沥青中的胶质和沥青质含量相对升高,从而复合改性沥青的软化点升高。

从图 2.10(c)可知,随着剪切温度的升高,橡胶/SBS 复合改性沥青的延度呈现上升的趋势。这是由于剪切温度较低时,橡胶粉颗粒及 SBS 改性剂在沥青中未能充分分散,引起了团聚和结团,这就在团聚部分引起了应力集中,导致低温拉伸时沥青试件容易断裂;而随着剪切温度的升高,橡胶粉颗粒及 SBS 改性剂发生了充分的溶胀,从而使复合改性沥青体系的网络结构体系更稳定,表现为剪切温度越高,复合改性沥青的延度越大。

从图 2.10(d)可知,随着剪切温度的升高,橡胶/SBS 复合改性沥青的 135℃黏度呈现明显的降低,而其 177℃黏度呈现缓慢的降低,表明剪切温度对 135℃黏度的影响更为明显。其原因是剪切温度升高,橡胶/SBS 复合改性沥青体系的相对分子质量分布向小分子方向发展,溶解度增加,黏度降低。

从图 2.10(e)可知,随着剪切温度的升高,橡胶/SBS 复合改性沥青的弹性恢复呈现先升高后降低的趋势,并在 180℃时达到最大,这表明剪切温度可以影响复合改性沥青的弹性恢复能力。当剪切温度逐步升高至 180℃时,沥青的轻质组分逐渐扩散到橡胶粉中,橡胶粉慢慢产生溶胀,因此沥青的弹性恢复能力逐步升高;而随着剪切温度逐步升高(高于 180℃),胶粉发生脱硫反应,沥青的弹性恢复能力逐步降低。

从图 2.10(f)可知,随着剪切温度的升高,橡胶/SBS 复合改性沥青的软化点差呈现降低趋势。这是因为当剪切温度较低时,SBS 改性剂与橡胶粉颗粒尚未得到充分溶胀,在体系内部分散也不均匀,导致体系软化点差较大,出现了离析;而随着剪切温度的升高,SBS 改性剂与橡胶粉颗粒在沥青中充分分散,且形成了稳定的网络结构体系,因此复合改性沥青的软化点差降低,热稳定性良好。

综上所述,剪切温度变化对橡胶/SBS 复合改性沥青的性能影响显著。根据表 2.4 中的技术要求,当剪切温度低于 168℃,其 135℃旋转黏度低于 2.0 Pa·s,其软化点差大于 3℃;同时,当剪切温度高于 185℃,其 177℃黏度低于 1.5 Pa·s。因此,橡胶/SBS 复合改性沥青的剪切温度范围应在 168℃~185℃之间。

## 2.4　本章小结

本章对橡胶/SBS复合改性沥青机理进行了综述,并对复合改性沥青的制备流程及性能评价方法、复合改性沥青制备及优化开展了研究,主要结论如下:

(1) 综述表明橡胶粉、SBS和基质沥青之间在化学上没有明显的反应,只是物理形态上相互融合,SBS、橡胶粉在基质沥青中发生了溶胀和相容作用。

(2) 提出了橡胶/SBS复合改性沥青制备流程,并结合国内外研究现状,提出了橡胶/SBS复合改性沥青性能评价指标。

(3) 研究了不同胶粉用量(10%、15%、20%、25%、30%)对橡胶/SBS复合改性沥青的针入度、软化点、延度、黏度(135℃、177℃)、弹性恢复和软化点差的影响,推荐了最适宜的胶粉用量为15%～20%。

(4) 研究了不同SBS用量(10%、15%、20%、25%、30%)对橡胶/SBS复合改性沥青性能的针入度、软化点、延度、黏度(135℃、177℃)、弹性恢复和软化点差的影响,推荐了最适宜的SBS用量为3%。

(5) 研究了不同剪切温度下(160℃、170℃、180℃、190℃、200℃)对橡胶/SBS复合改性沥青性能的针入度、软化点、延度、黏度(135℃、177℃)、弹性恢复和软化点差的影响,推荐了最适宜的剪切温度范围为168℃～185℃。

# 第3章

橡胶/SBS 复合改性沥青胶结料性能的研究

第3章 橡胶/SBS复合改性沥青胶结料性能的研究

在确定橡胶粉、SBS改性剂各自最佳掺量及适宜剪切温度的基础上,本章主要采用动态流变剪切试验(DSR)、多应力重复蠕变恢复试验(MSCR)、低温小梁弯曲蠕变试验(BBR)等开展橡胶/SBS复合改性沥青高温、低温、疲劳和抗老化性能的研究。通过这些物理、流变来综合评价橡胶/SBS/复合改性沥青的性能。

## 3.1 沥青流变性介绍

沥青是一种流变性材料,具有弹性、黏性和塑性。它在高温时会软化成流体,在低温时会硬化成固体。高等级路面要求使用的沥青在高温时不易产生车辙,在低温时不易开裂。但由于单一的石油沥青受生产工艺和原油性质限制,很难满足这些要求。沥青材料的性能受温度和负载作用时间影响,不是常数。因此,想要在实际应用中进行路面设计、应力应变分析和理论计算,必须首先研究沥青材料的性质。沥青材料流变学是研究沥青性质的科学方法。

沥青是一种具有黏弹性的材料,它的力学特性会随着加载时间和温度的变化而改变。沥青材料具有一定的松弛能力,当温度降低时,沥青路面的温度应力逐渐减小,从而避免了收缩裂缝的产生。然而,如果温度降低过大或者沥青材料的应力松弛能力不足,温度应力就会超过材料的破坏强度,导致沥青材料发生低温开裂。此外,沥青路面材料还具有结变特性,在高温下产生的车辙病害不仅与沥青的黏性流动变形有关,还与未能完全恢复的蠕变变形累积有关。通过测量蠕变速率,可以准确反映沥青及其混合料的流变特性和高温性能。

沥青是黏弹性材料,当受到较大应力时,会从线性黏弹变为非线性。然而,目前还没有适用于描述沥青非线性黏弹性的合适参数。为了简化数学模型,大多数学者在研究沥青材料时只考虑其黏弹性范围内的情况,而并未考虑加载应变大于沥青结合料黏弹性范围的情况,因为这种试验数据是无效的。因此,在进行试验之前,我们必须确定沥青结合料的适当黏弹性范围,以确保试验的准确性。然而,线性和非线性之间并没有明显的界限。为了解决这个问题,美国公路战略研究计划(Strategic Highway Research Program,SHRP)通过大量试验测试沥青材料的流变性,并将沥青材料的黏弹性范围定义为复数模量下降到95%所对应的数值,即5%。由于改性沥青的黏弹性更高,因此在进行温度扫描时,加载应变被设定为6%。

## 3.2 基于DSR的高温流变性能研究

### 3.2.1 DSR理论及试验参数

当样品为弹性材料时,当旋转应力或应变在沥青中消失时,应变或应力也会同时消失。然而,当样品变得完全具有黏性时,后者相对于前者会滞后一个相位角度,该角度为0°~90°。因为沥青材料属于黏弹性材料,所以这种滞后角度通常在0°~90°。动态剪切流变试验(Dynamic Shear Rheometer,DSR)和弯曲梁流变试验(Bending Beam Rheometer,BBR)正是根据这种关系来评估沥青的高低温流变性能。在美国Superpave沥青混合设计方法中,DSR被用来评估沥青的流变特性,并作为沥青的PG(Performance Grade)分级的依据。

DSR是一种平板式的流变仪,其动态振荡试验工作模式如图3.1所示。试验中,沥青试样夹在两块直径为8 mm或25 mm的平行板之间,平板间距为1~2 mm。其中一块板固定,另一块板围绕中心轴来回摆动,按照A→B→A→C→A的模式周期性地摆动。试验可以通过应力或应变控制进行:应力控制时,扭矩保持相同,但实际摆动板的摆动弧度略有差异;应变控制时,摆动距离固定,但扭矩或应力会有所不同。

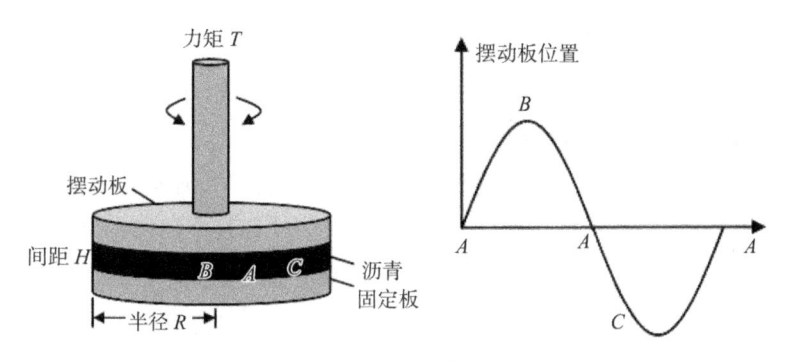

图 3.1 DSR 工作原理

DSR 试验可以提供两个关键的指标来评价沥青的流变性能,即复数剪切模量($G$)和相位角($\theta$)。$G$ 反映了沥青在承受重复剪切力时的抗变形能力,$G^*$ 数值越高表示沥青材料的抗变形能力越强,而相位角 $\theta$ 则表示施加的应力与产生相应应变的时间延迟程度,$\theta$ 数值越小表示材料的弹性响应越好。这些试验和指标在评估沥青的性能方面尤为重要。$G^*$ 和 $\delta$ 可由下式定义:

$$G^* = G' + iG''$$

$$|G^*| = \sqrt{G'^2 + G''^2}$$

$$\delta = \arctan\left(\frac{G''}{G'}\right)$$

其中,$G'$ 为存储模量,$G''$ 为损耗模量,$|G^*|$ 为复数剪切模量。

其中,$G^*$ 包括存储模量 $G'$ 和损耗模量 $G''$ 两个部分(如图 3.2 所示),$\delta$ 为施加应力后由此产生应变的时间滞后相位角,即存储模量 $G'$ 和损耗模量 $G''$ 复数比值。

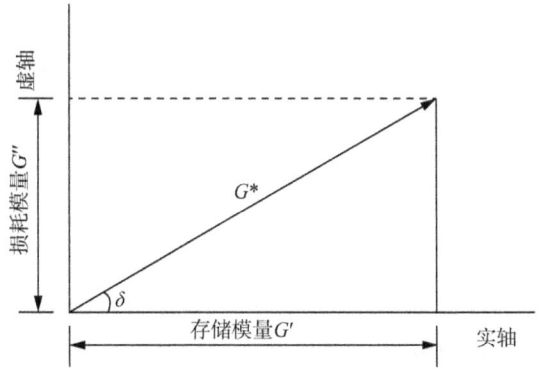

图 3.2 存储模量及损耗模量表达式

一般而言，$G^*$ 越大，沥青抵抗变形的能力越强，$G^*$ 越小，沥青抵抗变形的能力越弱；当相位角 $\delta$ 为零时，材料表现出完全的弹性，所有的形变都是暂时的；当相位角 $\delta$ 为 90°时，材料表现出完全的黏性，这时所有的形变都是永久的。而当应力作用持续一段时间之后才开始出现应变，则表明材料为黏弹性材料，$\delta$ 值为 0～90°，从抗车辙的角度讲，较大的值和较小的值都是理想的，因此，美国公路战略研究计划（SHRP）引入了车辙因子（$G^*/\sin\delta$）的概念来表征沥青材料的抗车辙变形能力。沥青路面在高温下需要具备足够的弹性，以便能够恢复弹性形变。在高温条件下，较大的 $G^*/\sin\delta$ 值表示 $G^*$ 较大和 $\delta$ 较小，这意味着沥青具有更好的抗车辙性能。

### 3.2.2 车辙因子结果

为了更好地研究和对比橡胶/SBS 复合改性沥青的高温流变性能，本书采用动态剪切流变仪，在应变控制模式下对 70# 基质沥青、SBS 改性沥青、橡胶/SBS 复合改性沥青开展测试。试验采用频率扫描，应变均设置在线性黏弹性区间，扫描范围为 0.1～10 Hz，试验温度为 58～88℃，温度间隔采用 6℃。

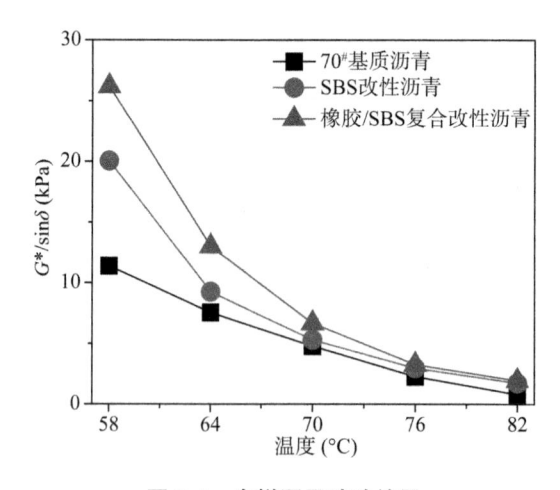

图 3.3 车辙因子试验结果

车辙因子代表沥青结合料受到温度应力的情况下阻挡不可恢复变形的本领，值越大表示高温性能越好。通过图 3.3 可知，随着温度的升高，70# 基质沥青、SBS 改性沥青和橡胶/SBS 改性沥青的车辙因子均呈降低趋势，其原因是在高温条件下,沥青质裹附集料的能力减弱,而附在沥青质周围的胶质在高温条件下向周围扩散,使沥青流动性增强。同时,三种沥青的车辙因子存在差距,橡胶/SBS改性沥青的车辙因子最高,而70#基质沥青的车辙因子最低,表明改性沥青的抗车辙能力高于基质沥青。复合改性沥青抗车辙性能最佳的原因在于,橡胶粉与基质沥青的反应主要是基于物理作用的共混,化学反应较少。而与之相比,SBS颗粒与橡胶粉及基质沥青分子之间的相互作用更加明显,形成物理交联作用。这种交联作用使得沥青的组分比例发生变化,并形成稳定的凝胶型结构,显著提高了基质沥青的高温性能。这表明SBS、橡胶粉复合改性对基质沥青产生较好的效果,可以综合两者各自的优势。

### 3.2.3 高温失效温度

通常,将沥青的 $G^*/\sin\delta$ 值为 1 kPa 时的温度定义为未老化沥青高温等级临界时的失效温度,用来确定沥青的高温性能等级。失效温度是指沥青具有弹塑性性能的最高温度,低于该温度,沥青路面可保持正常的使用性能;而高于该温度,沥青呈流塑状,沥青路面已不能承受外界应力。将车辙因子试验结果转换为对数关系,如图3.4所示。车辙因子与试验温度的对数拟合结果如表3.1所示。

图中拟合方程:
70#基质沥青: $\log(G^*/\sin\delta)=14.182-7.387\log(t)$, $R^2=0.918$
SBS改性沥青: $\log(G^*/\sin\delta)=13.564-6.961\log(t)$, $R^2=0.998$
橡胶/SBS复合改性沥青: $\log(G^*/\sin\delta)=14.822-7.595\log(t)$, $R^2=0.998$

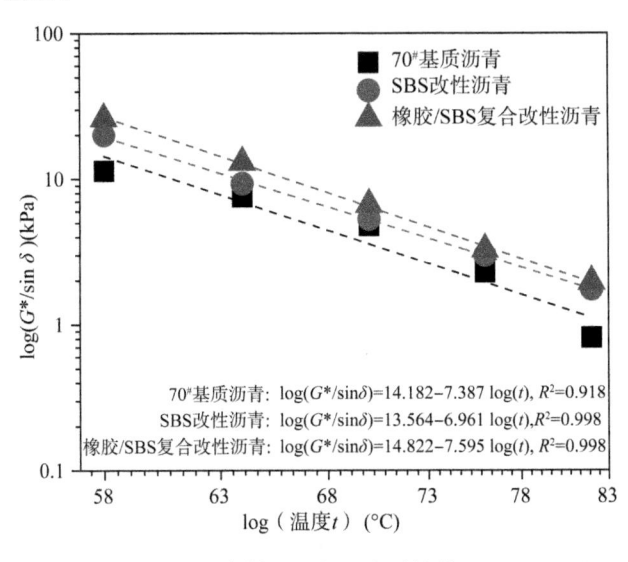

图 3.4 车辙因子与温度对数关系图

表 3.1　车辙因子与温度对数拟合关系表

| 沥青类型 | 拟合曲线 |
| --- | --- |
| 70#基质沥青 | $\log(G^*/\sin\delta)=14.182-7.387\log(t)$，$R^2=0.918$ |
| SBS 改性沥青 | $\log(G^*/\sin\delta)=13.564-6.961\log(t)$，$R^2=0.998$ |
| 橡胶/SBS 复合改性沥青 | $\log(G^*/\sin\delta)=14.822-7.595\log(t)$，$R^2=0.998$ |

从表 3.1 的拟合曲线，可分别求得 $G^*/\sin\delta$ 值为 1 kPa 时对应的温度值即为沥青高温失效温度，结果如图 3.5 所示。

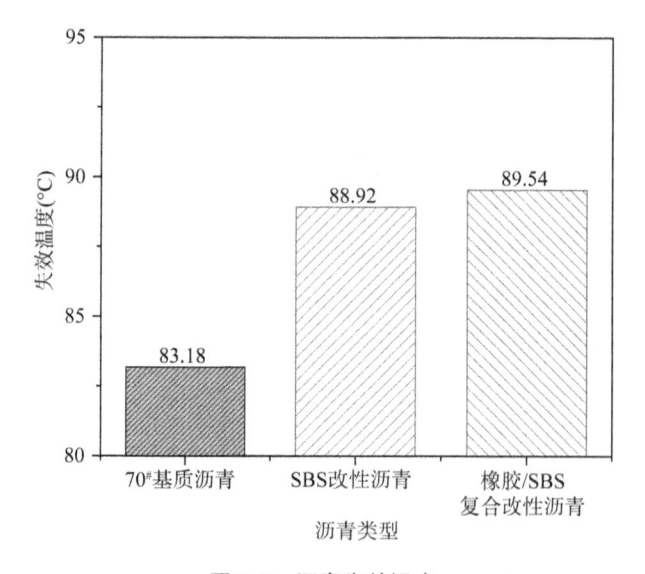

图 3.5　沥青失效温度

从图 3.5 可知，针对三种沥青，70#基质沥青的失效温度最低，橡胶/SBS 复合改性沥青的失效温度最高，而 SBS 改性沥青居中。橡胶/SBS 复合改性沥青的失效温度比 70#基质沥青高 6.36℃，SBS 改性沥青比 70#基质沥青高 5.74℃。这说明 SBS 的加入会提升沥青的失效温度，且 SBS 与橡胶粉的复合改性对沥青的失效温度提升效果更好。

## 3.3 基于 MSCR 的高温流变性能研究

### 3.3.1 MSCR 理论及试验参数

美国 SHRP 计划自提出以来,在世界范围内引起了广泛关注。美国 SHRP 计划的 Superpave 性能分级规范中,将车辙因子作为沥青高温性能的主要评价指标。而在后续的研究中,相关人员发现车辙因子对于改性沥青的高温性能评价存在一定的局限性。2008 年,作为 Superpave 性能规范的补充,美国联邦公路局在《美国国家公路与运输协会标准(AASHTO)》(TP70-12)中提出多应力重复蠕变恢复试验,简称 MSCR。

多应力蠕变恢复试验采用了"加载—卸载"的加载模式进行试验。在试验中,应力先作用在试件上进行加载试验,荷载作用在沥青表面的时间为 1 s,然后逐渐卸掉荷载,时间为 9 s。在卸载时,沥青结合料进入材料恢复阶段,这构成了一个周期。

试验中使用的加载应力分别为 0.1 kPa 和 3.2 kPa。其中,0.1 kPa 的加载应力在沥青样品上施加 20 个周期,后续周期的应力施加为 10 次,总计 30 个周期。在每个周期内,仪器在沥青材料上施加应力的时间为 10 s,其中的起始阶段为加载时间,持续 1 s;后期进入卸载恢复阶段,持续 9 s。然而,并非所有的变形都能恢复到最初的水平,只有仍然处于弹性范围内的结合料部分能够恢复,而黏性部分不会随着应力消失而恢复至最初状态,这就是参与变形的部分。图 3.6 展示了在一个周期内沥青结合料形变随时间的变化状态。需要明确的是,通常前 10 个周期被用作沥青结合料的预处理,不纳入最后的考虑范围。

评价沥青的高温性能往往需要计算蠕变柔量($J_{nr}$)和弹性恢复率 $R$。本研究严格根据美国材料与试验学会(ASTM)D7405-15 的方法,计算方法如下所示。

处理试验结果之前,首先需要对初始应变 $\varepsilon_0$、蠕变应变 $\varepsilon_c$[每个应力循环内的蠕变应变值(施加应力 1 s 后)]和恢复应变 $\varepsilon_r$[每个加载周期结束时刻的应变值(施加应力 10 s 后)]的结果进行修正,得到每个加载周期内蠕变应变

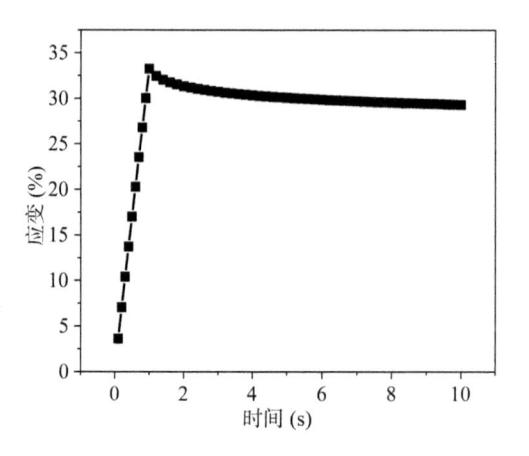

图 3.6 沥青在一个加载周期内的应变曲线

(施加应力 1 s 后)的修正值 $\varepsilon_1$ 和每个加载周期内总应变(施加应力 10 s 后)的修正值 $\varepsilon_{10}$。计算方法如式(3.1)和式(3.2)所示。

$$\varepsilon_1 = \varepsilon_c - \varepsilon_0 \tag{3.1}$$

$$\varepsilon_{10} = \varepsilon_r - \varepsilon_0 \tag{3.2}$$

接着,两种应力水平下的(0.1 kPa 和 3.2 kPa)沥青平均恢复率 $R$ 和不可恢复的蠕变柔量 $J_{nr}$ 由上述的 $\varepsilon_1$ 和 $\varepsilon_{10}$ 确定。

(1) 恢复率的计算过程

将每个加载周期内修正值 $\varepsilon_1$ 和每个加载周期内总应变修正值 $\varepsilon_{10}$ 代入式(3.3)和式(3.4),可以分别求得 0.1 kPa 应力下最后 10 个加载周期内每个周期内的恢复率 $\varepsilon_r(0.1,N)$ 和 3.2 kPa 应力下的恢复率 $\varepsilon_r(3.2,N)$。

$$\varepsilon_r(0.1,N) = \frac{(\varepsilon_1 - \varepsilon_{10})}{\varepsilon_1} \times 100, (N=1,\cdots,10) \tag{3.3}$$

$$\varepsilon_r(3.2,N) = \frac{(\varepsilon_1 - \varepsilon_{10})}{\varepsilon_1} \times 100, (N=1,\cdots,10) \tag{3.4}$$

接着,根据式(3.5)和式(3.6)求得 0.1 kPa 下的平均恢复率 $R_{0.1}$ 和 3.2 kPa 下的平均恢复率 $R_{3.2}$。

$$R_{0.1} = \frac{SUM(\varepsilon_r(0.1,N))}{10}, (N=1,\cdots,10) \qquad (3.5)$$

$$R_{3.2} = \frac{SUM(\varepsilon_r(3.2,N))}{10}, (N=1,\cdots,10) \qquad (3.6)$$

最后,恢复率的差值即变形恢复率 $R_{3.2\text{diff}}$ 根据式(3.7)求得。

$$R_{3.2\text{diff}} = \frac{(R_{0.1} - R_{3.2})}{R_{0.1}} \times 100 \qquad (3.7)$$

(2) 不可恢复蠕变柔量的计算过程

首先,将每个加载周期内总应变修正值 $\varepsilon_{10}$ 代入式(3.8),求得最后10个周期每个周期内的不可恢复蠕变柔量 $J_{nr}(0.1,N)$。

$$J_{nr}(0.1,N) = \frac{\varepsilon_{10}}{0.1}, (N=1,\cdots,10) \qquad (3.8)$$

若 $\varepsilon_r(0.1,N) < 0$,则式(3.8)不成立,按照式(3.9)重新计算 $J_{nr}(0.1,N)$。

$$J_{nr}(0.1,N) = \frac{\varepsilon_1}{0.1}, (N=1,\cdots,10) \qquad (3.9)$$

$J_{nr}(3.2,N)$ 可根据式(3.10)求得。

$$J_{nr}(3.2,N) = \frac{\varepsilon_{10}}{3.2}, (N=1,\cdots,10) \qquad (3.10)$$

与前面类似,倘若 $\varepsilon_r(3.2,N) < 0$,则式(3.10)不成立,按照式(3.11)重新计算 $J_{nr}(3.2,N)$。

$$J_{nr}(3.2,N) = \frac{\varepsilon_1}{3.2}, (N=1,\cdots,10) \qquad (3.11)$$

最后,根据式(3.12)和式(3.13)分别求得不可恢复蠕变柔量的平均值 $J_{nr}0.1$ 和 $J_{nr}3.2$。

$$J_{nr}0.1 = \frac{SUM(J_{nr}(0.1,N))}{10}, (N=1,\cdots,10) \qquad (3.12)$$

$$J_{nr}3.2 = \frac{\text{SUM}(J_{nr}(3.2,N))}{10}, (N=1,\cdots,10) \qquad (3.13)$$

两级应力不可恢复蠕变柔量差简称为 $J_{nr,diff}$，它代表了沥青的应力敏感性。计算公示如下所示。

$$J_{nr,diff} = \frac{J_{nr,3.2} - J_{nr,0.1}}{J_{nr,0.1}} \qquad (3.14)$$

沥青在不同应力水平下的变形以及应力消除后的蠕变变形恢复情况可以由所计算出的平均恢复率 $R$ 和不可恢复的蠕变柔量 $J_{nr}$ 反映。试验的整个过程可以清晰地反映路面实际使用中车辆荷载下重复加载和卸载后的变形情况。

按照 MSCR 试验方法测定 3 种掺量下的两种不同沥青变形情况，参考车辙试验的温度为 60℃，本书中的温度设定为 64℃ 和 70℃，对沥青试样的 MSCR 试验所得出的应变在不同应力（100 Pa、3 200 Pa）下的测试曲线分别进行绘制，图 3.7 仅列举 64℃ 时 SBS 改性沥青和橡胶/SBS 复合改性沥青的 MSCR 结果。

(a) SBS 沥青

(b) 橡胶/SBS 复合改性沥青

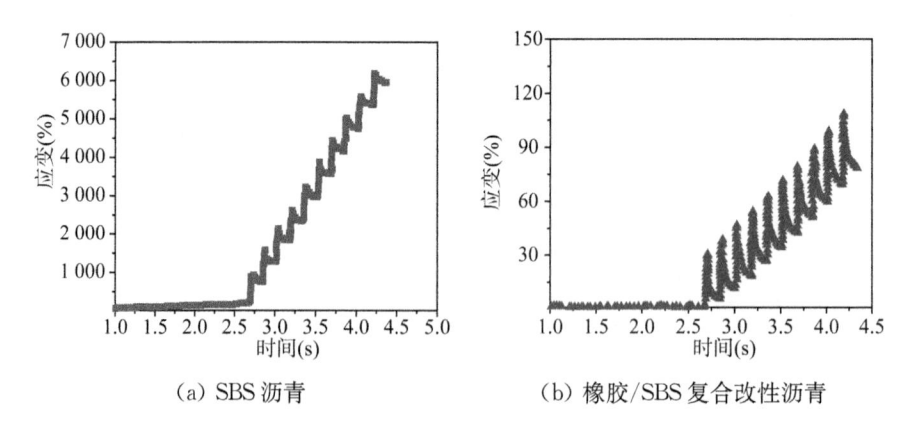

图 3.7 沥青 MSCR 结果

### 3.3.2 不可恢复蠕变柔量 $J_{nr}$

$J_{nr}$ 和 $R$ 能有效评价不同沥青的高温抗变形能力，图 3.8 给出了在 0.1 kPa 和 3.2 kPa 循环加载后的不可恢复蠕变柔量 $J_{nr}$，不可恢复蠕变柔量

差简称为 $J_{nr,diff}$ 。

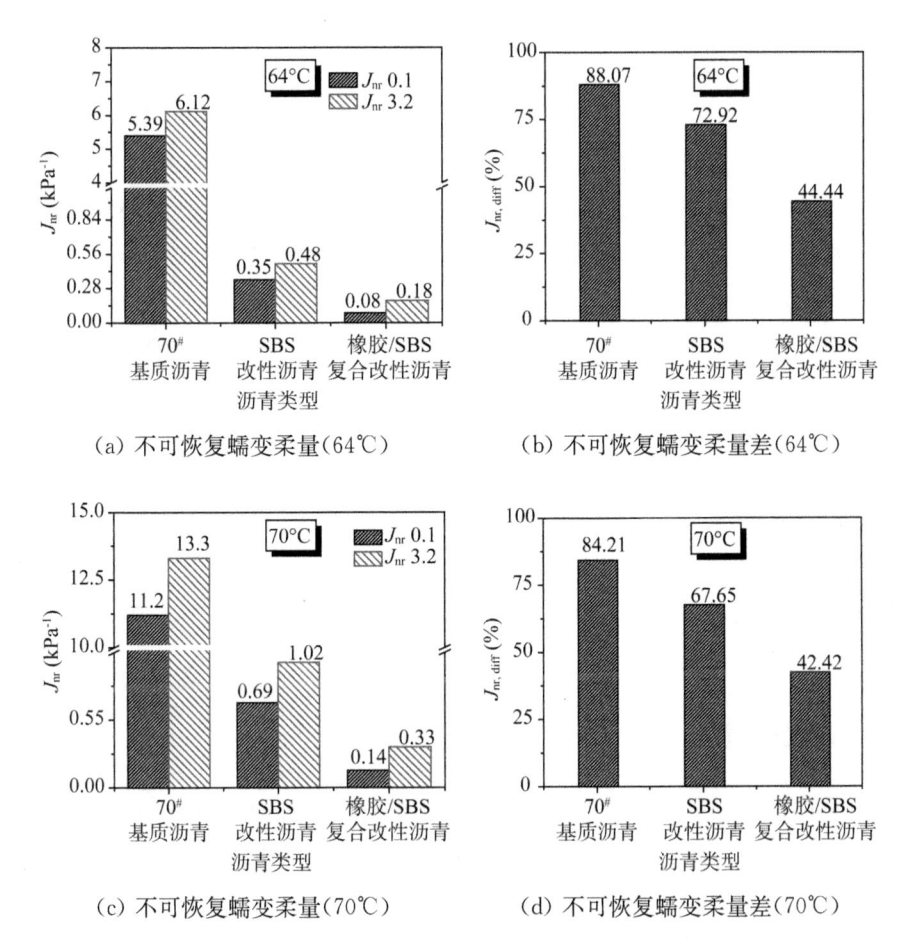

图 3.8 沥青的不可恢复蠕变柔量结果

(a) 不可恢复蠕变柔量(64℃)
(b) 不可恢复蠕变柔量差(64℃)
(c) 不可恢复蠕变柔量(70℃)
(d) 不可恢复蠕变柔量差(70℃)

图 3.8 为各应力下 70# 基质沥青、SBS 改性沥青和橡胶/SBS 复合改性沥青的 $J_{nr}$ 和 $J_{nr,diff}$ 结果。从图可知,在两种试验温度和两组试验应力条件下,70# 基质沥青的 $J_{nr}$ 最高,橡胶/SBS 复合改性沥青的 $J_{nr}$ 值最低。如在 64℃ 和 0.1 kPa 应力条件下,70# 基质沥青、SBS 改性沥青和橡胶/SBS 复合改性沥青的不可恢复蠕变柔量 $J_{nr}$ 值为 6.12 kPa$^{-1}$、0.48 kPa$^{-1}$ 和 0.18 kPa$^{-1}$。通常,$J_{nr}$ 值越小,表明沥青材料的残余变形越小,高温条件下抗变形能力越好,反之,高温抗变形能力越差。由此可知,橡胶粉与 SBS 的复合改性提高了沥青的弹性变形能力,荷载作用下的不可恢复变形减小,从而使得沥青在高温

条件下的抵抗变形能力增强。

当试验应力从低应力(0.1 kPa)提高至高应力(3.2 kPa)时,三种沥青的$J_{nr}$值均有不同程度提升。如在64℃和70℃时,70#基质沥青的$J_{nr}$值分别由5.39 kPa$^{-1}$、11.2 kPa$^{-1}$提升到6.12 kPa$^{-1}$和13.3 kPa$^{-1}$,分别提升了13.5%和18.8%,同样条件下SBS改性沥青的$J_{nr}$值分别提升了97.1%和112.5%,橡胶/SBS复合改性沥青的$J_{nr}$值分别提升了75%和83.3%。说明加载温度越高,其$J_{nr}$值越大,这表明高应力也是导致沥青永久变形的重要原因。

进一步从图3.8(b)、(d)可知,在2个温度下,70#基质沥青的应力敏感性参数$J_{nr,diff}$最高,SBS改性沥青次之,而橡胶/SBS复合改性沥青最低,这说明对沥青改性会降低其应力敏感性,也表明其抵抗永久变形的能力。AASHTO M332-14(美国国家公路与运输协会标准)要求改性沥青的$J_{nr,diff}$不超过75%,如果超过了该值,意味着沥青可能处于蠕变破坏阶段。可以发现,在64℃和70℃时,70#基质沥青都不符合该要求,而SBS改性沥青与标准较为接近,只有橡胶/SBS复合改性沥青均明显低于75%。从$J_{nr,diff}$的要求来看,橡胶/SBS的复合改性显著提升了沥青的高温性能。

### 3.3.3 变形恢复率R

变形恢复率R值表示胶结料的弹性响应和应力依赖性,R值越高,沥青胶结料的抗变形能力越强。图3.9显示了两组温度和两种应力水平下三种沥青的变形恢复率R及其变形恢复率差$R_{diff}$。

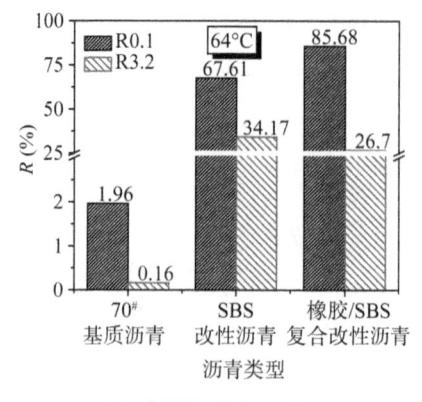

(a) 变形恢复率(64℃)

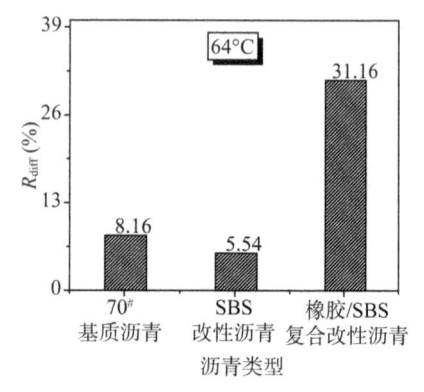

(b) 变形恢复率差(64℃)

(c) 变形恢复率(70℃)　　　(d) 变形恢复率差(70℃)

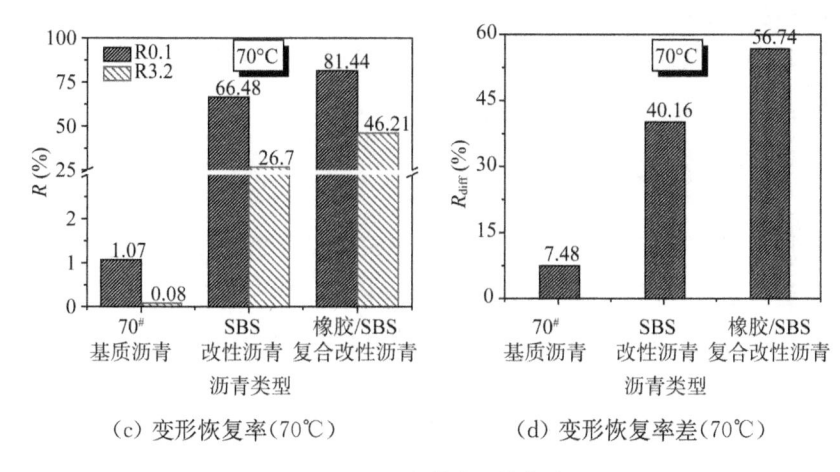

**图 3.9　沥青的变形恢复率**

从图 3.9 可知,在相同的试验温度和试验应力条件时,基质沥青的变形恢复率 $R$ 最低,SBS 改性沥青的变形恢复率 $R$ 次之,而橡胶/SBS 复合改性沥青的变形恢复率 $R$ 最高。如在 64℃和 0.1 kPa 的条件下,70# 基质沥青、SBS 改性沥青和橡胶/SBS 复合改性沥青的 $R$ 值分别为 1.96%、67.61% 和 85.68%,而在 3.2 kPa 的条件下,以上三种沥青的 $R$ 值分别为 0.16%、34.17% 和 26.7%。由此可知,橡胶/SBS 复合改性沥青的 $R$ 值明显高于 SBS 改性沥青和 70# 基质沥青。$R$ 值越大沥青材料的弹性变形能力越强,反之,弹性变形能力越弱。这表明橡胶粉与 SBS 复合改性可提高沥青胶结料的弹性应变恢复率,从而提高其抗变形性能。

此外,对比两种应力水平下的 $R$ 值可得,3.2 kPa 时的 $R$ 值比 0.1 kPa 时的 $R$ 值有所下降。如在 70℃时,试验应力从 0.1 kPa 升至 3.2 kPa 时,70# 基质沥青、SBS 改性沥青和橡胶/SBS 复合改性沥青的 $R$ 值分别降低了 92.5%、59.8% 和 43.3%。尽管应力升高会降低 $R$ 值,但三种沥青的 $R$ 值降低幅度不同,基质沥青降低最为明显,而橡胶/SBS 复合改性沥青的 $R$ 值降低幅度最弱。表明较高的应力容易导致沥青的永久变形,但橡胶沥青和 SBS 复合改性行为会明显削弱高应力的影响,证明了橡胶/SBS 复合改性沥青良好的抗高温变形能力。

恢复率差值变化率 $R_{diff}$ 可用来评价沥青胶结料在不同应力水平下的恢复率的应力敏感性。从图 3.9(b)、(d)的结果可知,基质沥青的 $R_{diff}$ 最低,而橡胶/SBS复合改性沥青的$R_{diff}$最低,表明橡胶/SBS复合改性沥青具有良好的弹性恢复能力,从而抵抗更多的永久变形。这与不可恢复蠕变柔量的评价结果一致。

### 3.3.4 基于MSCR的高温分级

早期美国SHRP计划的研究成果AASHTO M320-03将沥青按照6℃的温度进行划分,分为PG46、PG52、PG58、PG64、PG70、PG76、PG82七个高温等级。该等级划分是根据沥青在薄膜烘箱老化(RTFO)试验短期老化前后沥青车辙因子$G^*/\sin\delta$达到1.0 kPa和2.2 kPa的临界温度来确定的。然而,这种划分方法没有充分考虑交通量和车速对永久变形的影响,并且在不同温度下的测试结果不能反映路面在设计温度下的实际性能。另外,为了减少低速或静止交通荷载对路面的破坏,并考虑交通量的影响,AASHTO M320-03规定当设计交通等级超过$10^7$的当量单轮荷载时,将沥青胶结料的高温等级提高一个等级。

基于MSCR试验的AASHTO MP 19-10分级标准沿用了以车辙因子$G^*/\sin\delta$为基础的沥青胶结料规范温度分级的方法,并引入了$J_{nr3.2}$作为新的分级指标,根据交通量的不同进一步细分为极重交通(E)、特重交通(V)、重交通(H)、标准交通(S)四个等级。表3.2显示了AASHTO MP 19高温性能分级中对MSCR试验的要求。

表3.2 高温性能分级对MSCR试验指标的要求

| 交通等级 | PG高温等级 | | 评价指标 | |
|---|---|---|---|---|
| | 64℃ | 70℃ | $J_{nr3.2}$(kPa$^{-1}$) | $J_{nr,diff}$(%) |
| 标准交通 | PG64-S | PG70-S | ≤4.0 | ≤75 |
| 重交通 | PG64-H | PG70-H | ≤2.0 | ≤75 |
| 特重交通 | PG64-V | PG70-V | ≤1.0 | ≤75 |
| 极重交通 | PG64-E | PG70-E | ≤0.5 | ≤75 |

根据MSCR试验结果对两种温度下的$J_{nr3.2}$和$J_{nr,diff}$进行汇总,其结果如图3.10所示。

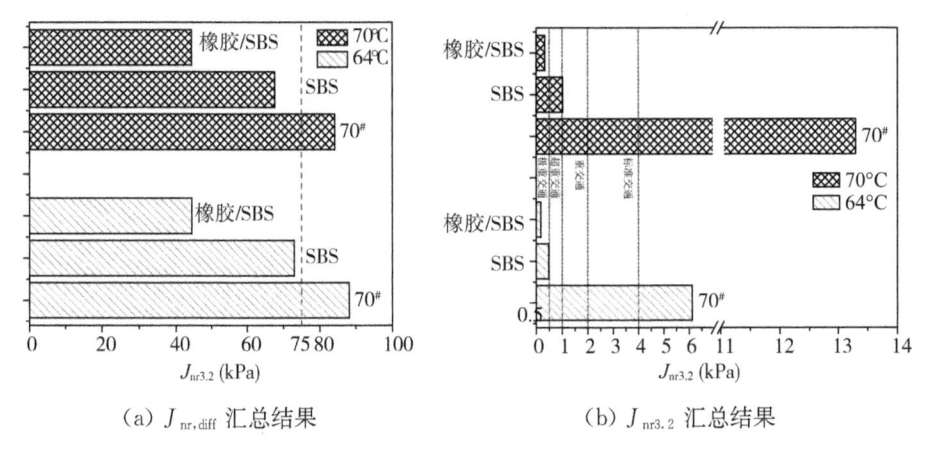

(a) $J_{nr,diff}$ 汇总结果　　(b) $J_{nr3.2}$ 汇总结果

图 3.10　沥青的变形恢复率

从图 3.10 可知，对 3 种沥青按照 MSCR 结果分级时，70# 基质沥青不满足在 64℃ 和 70℃ 下 $J_{nr,diff}$≤75% 的规定，不符合分级标准。而 SBS 改性沥青和橡胶/SBS 复合改性沥青满足 64℃ 和 70℃ 下 $J_{nr,diff}$≤75% 的规定。进一步对 $J_{nr3.2}$ 的结果分级可知，70# 基质沥青不满足 64℃ 和 70℃ 下 $J_{nr3.2}$≤4.0 kPa 的规定，即 70# 基质沥青不符合分级标准。

从图 3.10(b) 可知，SBS 改性沥青在 64℃ 时的 $J_{nr3.2}$ = 0.48 kPa$^{-1}$ < 0.5 kPa$^{-1}$，表明 SBS 改性沥青在 64℃ 时满足极重交通要求，在 70℃ 的 $J_{nr3.2}$ 值为 1.02 kPa$^{-1}$，由于 1 kPa$^{-1}$ < $J_{nr3.2}$ = 1.02 kPa$^{-1}$ < 2 kPa$^{-1}$，表明 SBS 改性沥青在 64℃ 时仅满足重交通要求，不满足超重交通要求。而橡胶/SBS 复合改性沥青在 64℃ 时的 $J_{nr3.2}$ = 0.18 < 0.5 kPa$^{-1}$，在 70℃ 时的 $J_{nr3.2}$ = 0.33 < 0.5 kPa$^{-1}$，表明 SBS 改性沥青在 64℃ 和 70℃ 均满足极重交通要求，证实了橡胶粉和 SBS 的复合改性沥青将沥青的交通分级提升了一个等级。三种沥青基于 MSCR 的交通分级如表 3.3 所示。

表 3.3　基于 MSCR 的交通分级表

| 沥青类型 | 64℃ $J_{nr3.2}$ | 64℃ $J_{nr,diff}$ | 64℃ 交通等级 | 70℃ $J_{nr3.2}$ | 70℃ $J_{nr,diff}$ | 70℃ 交通等级 |
|---|---|---|---|---|---|---|
| 70# 基质沥青 | 6.12 | 88.17 | 无等级 | 13.3 | 84.21 | 无等级 |
| SBS 改性沥青 | 0.48 | 72.92 | 极重交通 | 1.02 | 67.65 | 超重交通 |
| 橡胶/SBS 复合改性沥青 | 0.18 | 44.44 | 极重交通 | 0.33 | 42.42 | 极重交通 |

## 3.4 基于 BBR 的低温流变性能研究

### 3.4.1 BBR 理论及试验参数

在寒冷地区的冬季,沥青路面经常出现低温开裂问题。这是因为在实际道路使用中,沥青路面会因为温度下降而产生收缩趋势,但受到约束作用的限制,无法完全收缩,从而产生温度应力。同时,沥青在低温下表现为弹性体,难以松弛和释放应力。当温度应力超过一定阈值时,就会导致路面低温开裂。因此,沥青结合料的低温性能对整个沥青混凝土路面的低温抗裂性起着至关重要的决定作用。

在低温环境下,沥青及沥青混合料在受到外力作用时会出现明显的蠕变现象。通过研究沥青蠕变性能在外力作用下的表现,可以评估沥青路面在低温环境下的使用情况。为了研究沥青的 PG 分级,美国 SHRP 计划引入了弯曲梁流变仪进行沥青低温蠕变性能的测试,即 BBR 试验。该试验利用弯曲梁流变仪(BBR)试验测得的蠕变劲度 $S$ 和劲度变化速率 $m$ 值来评估沥青的低温性能。蠕变劲度 $S$ 是衡量温度应力的指标,而 $m$ 值则表示应力松弛释放的速率。当蠕变劲度 $S$ 增加,同时 $m$ 值减小时,说明由于路面温度收缩引起的温度应力增加,难以通过流体应力松弛来释放应力,从而使路面更容易发生开裂。

BBR 试验使用尺寸为 125 mm×6.25 mm×12.5 mm 的沥青梁作为试件。在预设的温度环境下,将沥青梁放置在支架上,并通过预加载 35 mN 来确保沥青梁与荷载压头之间没有间隙(图 3.11)。接下来施加持续时间为 1 秒的 980 mN 的初始荷载,然后卸载至预载 35 mN,并持续 20 s,最后施加持续时间为 240 s 的 980 mN 的试验荷载。通过位移和荷载标定,计算机可以准确采集沥青梁的挠度数据。利用简支梁受力分析理论中的公式(3.15),可以计算出蠕变劲度 $S$。

$$S(t)=\frac{PL^{3}}{4bh^{3}\delta(t)} \tag{3.15}$$

其中:$S(t)$——实时蠕变劲度(MPa);

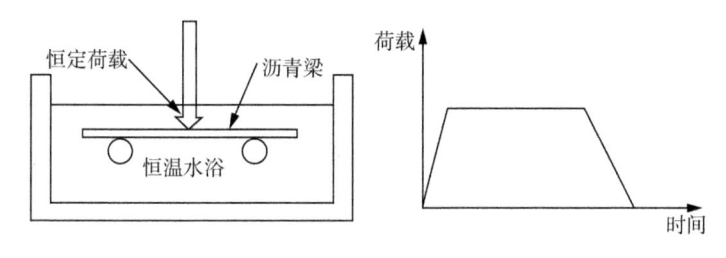

图 3.11 BBR 的工作原理

$P$——作用的恒定荷载(100 mN);

$L$——沥青梁跨径(102 mm);

$b$——梁的宽度(12.5 mm);

$h$——梁的宽度(6.25 mm);

$\delta(t)$——沥青梁的实时跨中挠度(mm)。

Superpave 胶结料规范中对于沥青结合料的低温性能有两个关键指标:劲度 $S$ 和蠕变速率 $m$。当材料的劲度 $S$ 值越大时,其弯曲流变性能越差;而当蠕变速率 $m$ 值越大时,材料的松弛能力越强。具有较大 $m$ 值的材料在温度急剧下降的情况下往往不容易发生开裂,其低温性能较好。根据 Superpave 胶结料规范,对于沥青结合料的低温性能,要求蠕变劲度 $S$ 不得过大,同时松弛速率 $m$ 也不能太小。在沥青结合料的路用性能规范中,要求蠕变劲度在 60 s 时不超过 300 MPa,并且蠕变速率 $m$ 应不小于 0.3

本书中将基质沥青、SBS 改性沥青和橡胶/SBS 复合改性沥青按照规范进行旋转薄膜烘箱试验(RTFOT)和沥青加速老化试验(PAV),按照规范要求制成规定的小梁,测定三种沥青在 −12℃、−18℃、−24℃下的低温蠕变劲度模量 $S$ 和蠕变速率 $m$ 值,以此来评价沥青的低温性能。

## 3.4.2 蠕变劲度模量结果

蠕变劲度是衡量沥青材料低温变形能力的指标,一般来说,蠕变劲度越小,沥青的变形能力越好。根据图 3.12(a),可以观察到在不同温度下,三种沥青的蠕变劲度逐渐增加。这表明随着温度的下降,沥青材料的变形能力逐渐减弱。沥青是一种黏弹性材料,在温度降低时变得更加硬脆,在承受车辆荷载时逐渐接近材料的极限抗拉强度,导致沥青材料发生破坏。在相同温度下,70#基质沥青的蠕变劲度最高,SBS改性沥青次之,而橡胶/SBS复合改性沥青最低。这表明70#基质沥青的低温变形能力最差,而橡胶/SBS复合改性沥青的低温变形能力最强,说明橡胶/SBS的加入能够提升沥青的低温抗裂能力。

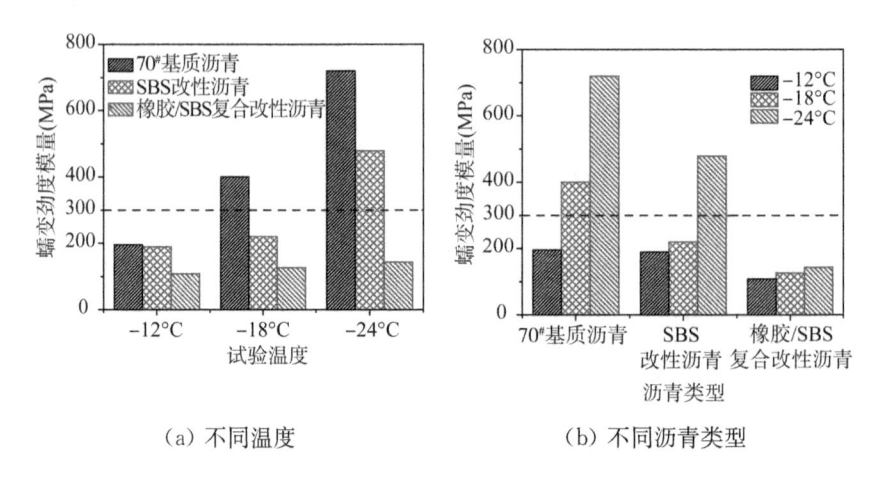

(a) 不同温度

(b) 不同沥青类型

图3.12　沥青蠕变劲度结果

对比同一沥青在不同温度下的蠕变劲度值,如图3.12(b)所示,可知对于同一沥青,随着温度的降低,其蠕变劲度值呈现增高趋势。但不同沥青的增加幅度不同。如70#基质沥青,当其温度从−12℃降至−18℃和−24℃,其劲度模量分别增加了105.1%和269.2%;SBS改性沥青的温度从−12℃降至−18℃和−24℃,其劲度模量分别增加了17.6%和153.2%;而橡胶/SBS复合改性沥青的温度从−12℃降至−18℃和−24℃,其劲度模量分别增加了16.7%和32.1%。这说明基质沥青的劲度模量随温度变化的敏感最高,而橡胶/SBS复合改性沥青的劲度模量随温度变化的敏感最低。由此说明,橡胶与SBS的加入不仅提升了沥青的低温抗裂能力,还降低了其对低温变化的敏感性,使其更适应低温环境的变化。

进一步分析,Superpave要求蠕变劲度在60 s时不超过300 MPa,从图3.12可知,三种沥青均符合−12℃的要求,但70#基质沥青不符合−18℃的要求,而基质沥青和SBS改性沥青不符合−24℃的要求。橡胶/SBS复合改性沥青的蠕变劲度值在三种温度下均低于300 Mpa,表明其适合−12℃、−18℃和−24℃温度下的使用要求。

### 3.4.3 蠕变速率 $m$ 值结果

$m$ 值是表征沥青劲度模量随时间的变化速率,其值越小,说明路面随着温度降低材料劲度随之增强,从而导致材料中拉力增大,低温开裂的可能性就随之增大。图 3.13 为不同沥青在 $-12$℃、$-18$℃和 $-24$℃温度下的蠕变速率。从图 3.13(a)可知,沥青材料的蠕变速率随着温度的下降而下降,这是因为当温度降低时,沥青的黏弹流动能力受到限制,从而降低了沥青材料内部的应力消散能力。Superpave 要求蠕变速率 $m$ 值应不小于 0.3,从图 3.13 可知,三种沥青均可满足 $-12$℃的温度要求,70# 基质沥青不满足 $-18$℃的温度要求,而 70# 基质沥青、SBS 改性沥青不满足 $-18$℃的要求。橡胶/SBS 复合改性沥青的 $m$ 值在三种温度下均满足大于 0.3,表明其适合 $-12$℃、$-18$℃和 $-24$℃温度下的使用要求。

(a) 不同温度

(b) 不同沥青类型

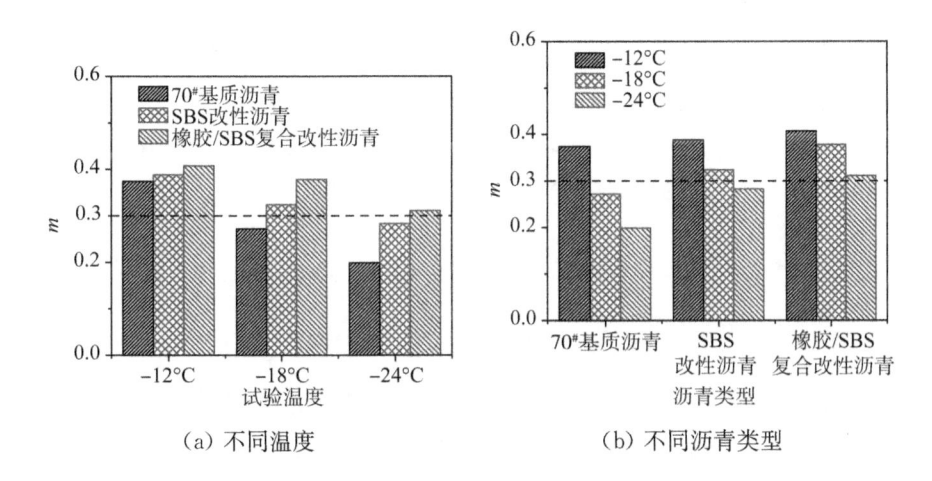

图 3.13 沥青蠕变速率结果

进一步对比同一沥青在不同温度下的蠕变速率值,如图 3.13(b)所示,可知对于同一沥青,随着温度的降低,其蠕变速率值呈降低趋势,但不同沥青的降低幅度不同。如 70# 基质沥青,当其温度从 $-12$℃降至 $-18$℃和 $-24$℃,其蠕变速率分别降低了 27.3% 和 46.8%;SBS 改性沥青的温度从 $-12$℃降至 $-18$℃和 $-24$℃,其劲度模量分别降低了 16.5% 和 27.1%;而橡胶/SBS 复合改性沥青的温度从 $-12$℃降至 $-18$℃和 $-24$℃,其劲度模量分别降低了 7.1%

和23.6%。这说明基质沥青的蠕变速率随温度变化的敏感最高,而橡胶/SBS复合改性沥青的蠕变速率随温度变化的敏感最低。这说明橡胶与SBS的加入不仅提升了沥青的低温抗裂能力,还降低了其对低温变化的敏感性,使其更适应低温环境的变化。

## 3.5 基于疲劳因子的沥青疲劳性能研究

### 3.5.1 沥青疲劳测试原理及参数

美国SHRP计划中的PG(Performance Grade)分级试验是用来评价沥青材料的疲劳性能的一种方法。在该试验中,采用了疲劳因子$G^* \sin\delta$来进行评估。

1993年Anderson等人提出了沥青疲劳性能评价指标$G^* \sin\delta$,随后该指标被引入Superpave沥青路面性能技术规范,在该规范中,$G^* \sin\delta$需借助动态剪切流变仪来完成。其原理是:沥青是具有黏弹特性的材料,在受力产生形变的过程中,其应力与应变响应存在一定的滞后性,即应力峰值与应变峰值之间存在一个相位角$\delta$,所以沥青的模量为复数模量。

$$G^* = \frac{\tau(t)}{\gamma(t)} = \frac{\tau_0}{\gamma_0} e^{i\delta} = \frac{\tau_0}{\gamma_0}(\cos\delta + i\sin\delta)$$
$$= |G^*| [(\cos\delta + i\sin\delta)] = G' + iG'' \quad (3.16)$$

其中,$G' = |G^*| \cos\delta$,为$|G^*|$的实部,代表储存剪切模量;$G'' = |G^*| \sin\delta$,为$|G^*|$的虚部,代表损失剪切模量。

因此,疲劳因子表征的是沥青胶结料在受力产生形变过程中损失的那部分能量,亦称为损耗模量。疲劳因子越小,沥青胶结料在形变过程中产生的耗散能越小,即疲劳性能越好;反之,则疲劳性能越差。

依据试验温度以及SHRP规范,本试验选用直径为8 mm的平行板进行时间扫描试验,板间距为2000 μm。由研究可知,沥青的疲劳发生在10~30℃温度区间内,SHRP规范中建议选用高于温度区间上限和温度下限平均值4℃的温度作为试验温度,因此,本试验选用13~25℃作为试验温度,采用应变控制测得沥青结合料的疲劳因子。在SHRP系统中规定长期老化沥青

结合料的 $G^*\sin\delta <$ 5 000 kPa，所以当其值等于 5 000 kPa 时所对应的温度定义为临界温度。

### 3.5.2 疲劳因子

图 3.14 为三种沥青在 13℃、16℃、19℃、22℃ 和 25℃ 的疲劳因子 $G\sin\delta$。由图可知，随着温度升高，三种沥青的疲劳因子迅速降低，在相对较低的试验温度下(13～19℃)，三种沥青的疲劳因子值相差较大，而后随着温度的升高，三种沥青的疲劳因子逐渐接近。对比三种沥青可知，70# 基质沥青疲劳因子最大，SBS 改性沥青次之，而橡胶/SBS 复合改性沥青最小，由于疲劳因子 $G\sin\delta$ 是沥青损失剪切模量，其值越大，表明加载过程中试件的能量损失越快；其值越小，表明沥青的疲劳损失越慢，疲劳性能越好。

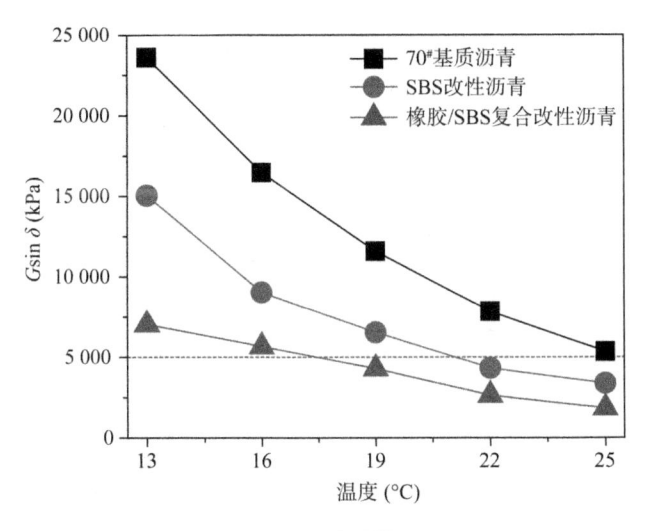

图 3.14 沥青疲劳因子

由本次实验结果可知，基质沥青的疲劳性能最差，而橡胶/SBS 复合改性沥青的疲劳性能最好。其原因是，橡胶/SBS 复合改性沥青中 SBS 的掺入将被裂解的细小橡胶粉串联起来，改变了沥青黏弹成分，沥青黏性成分增加，使得其抗疲劳性得以提升，所以胶粉复合改性沥青比 70# 基质沥青和 SBS 改性沥青的抗疲劳性好。

### 3.5.3 临界温度

进一步将沥青疲劳因子采用双对数坐标表达,发现双对数存在直观的线性拟合关系,其拟合方程如图 3.15 和表 3.4 所示。

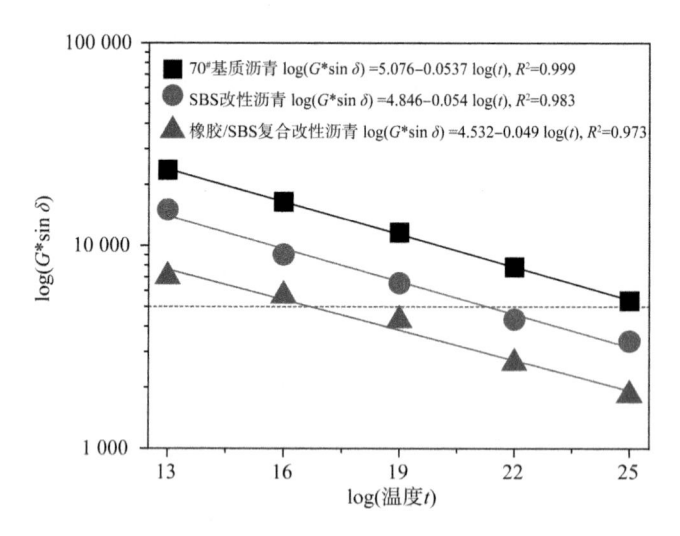

图 3.15 沥青疲劳因子对数值

表 3.4 疲劳因子和温度对数拟合关系表

| 沥青类型 | 拟合公式 |
| --- | --- |
| 70# 基质沥青 | $\log(G^*\sin\delta)=5.076-0.0537\log(t), R^2=0.999$ |
| SBS 改性沥青 | $\log(G^*\sin\delta)=4.846-0.054\log(t), R^2=0.983$ |
| 橡胶/SBS 复合改性沥青 | $\log(G^*\sin\delta)=4.532-0.049\log(t), R^2=0.973$ |

根据美国 SHRP 规范的规定,将 $G^*\sin\delta$ 等于 5 000 kPa 时所对应的温度定义为临界温度。可通过表 3.4 中的拟合公式得到三种沥青的临界温度,如图 3.16 所示。

从图 3.16 可知三种沥青的临界温度值相差较大,70# 基质沥青的临界温度最低(17.54 ℃),橡胶/SBS 复合改性沥青的临界温度最高(25.84 ℃),而 SBS 改性沥青居中(21.11 ℃)。橡胶/SBS 复合改性沥青的临界温度高于 70# 基质沥青 8.3 ℃,SBS 改性沥青高于 70# 基质沥青 3.57 ℃。这说明 SBS 或橡

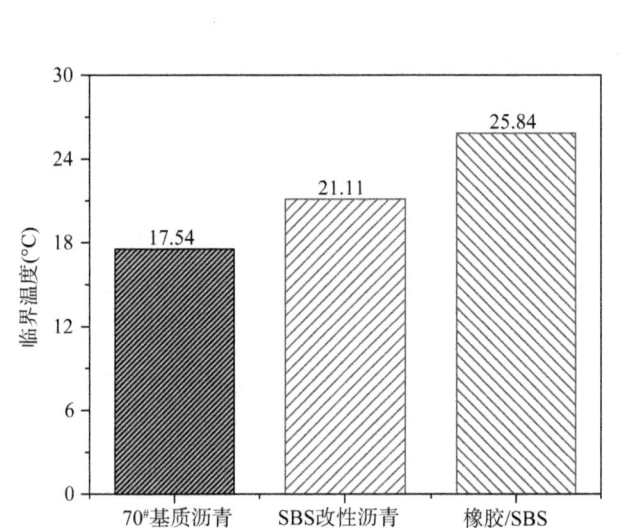

图 3.16 沥青临界温度值

胶粉的加入均会提升沥青的失效温度,但 SBS 与橡胶粉的复合改性效果对失效温度提升效果更好。

## 3.6 本章小结

本章通过 DSR、MSCR、BBR 对橡胶/SBS 复合改性沥青的高温流变、低温流变和疲劳性能进行了研究,并与 70# 基质沥青、SBS 改性沥青进行对比,得出结论如下:

(1) 基于 DSR 的结果,发现橡胶/SBS 改性沥青的车辙因子最高,而 70# 基质沥青的车辙因子最低;70# 基质沥青的失效温度最低,而橡胶/SBS 复合改性沥青的失效温度最高,表明 SBS、橡胶粉复合改性对基质沥青产生较好的效果,可以综合两者各自的优势。

(2) 基于 MSCR 的结果,发现 70# 基质沥青的 $J_{nr}$ 最高,橡胶/SBS 复合改性沥青的 $J_{nr}$ 值最低;基质沥青的变形恢复率 $R$ 最低,SBS 改性沥青的变形恢复率 $R$ 次之,而橡胶/SBS 复合改性沥青的变形恢复率 $R$ 最高,橡胶粉和 SBS 的复合改性沥青将沥青的交通分级提升了一个等级。

(3) 基于 BBR 的结果,发现基质沥青的蠕变劲度最高,SBS 改性沥青次之,而橡胶/SBS复合改性沥青最低;基质沥青的蠕变速率随温度变化的敏感最高,而橡胶/SBS复合改性沥青的蠕变速率随温度变化的敏感最低。表明基质沥青的低温变形能力最差,而橡胶/SBS复合改性沥青的低温变形能力最强。由此说明,橡胶与SBS的加入能够提升沥青的低温抗裂能力。

(4) 基于沥青疲劳试验的结果,发现70#基质沥青疲劳因子最大,SBS改性沥青次之,而橡胶/SBS复合改性沥青最低;70#基质沥青的临界温度最低(17.54℃),橡胶/SBS复合改性沥青的临界温度最高(25.84℃),而SBS改性沥青居中(21.11℃)。SBS或橡胶粉的加入均会提升沥青的疲劳性能,但SBS与橡胶粉的复合改性效果对疲劳性能提升效果更好。

# 第 4 章

橡胶/SBS 复合改性沥青改性机理研究

本章首先综述胶粉与 SBS 改性沥青的机制,并进一步采用红外光谱、荧光显微镜、差示扫描量热、凝胶色谱等方法,获得沥青的分子结构、荧光信号、吸放热情况、分子量,并对橡胶/SBS 复合改性沥青改性机理进行研究。

## 4.1 胶粉与 SBS 改性沥青机制综述

### 4.1.1 SBS 改性沥青机理

目前,制备 SBS 改性沥青主要采用胶体磨法和高速剪切法。胶体磨法是将橡胶颗粒和沥青一起通过胶体磨机进行混合磨碎,使橡胶颗粒分散均匀并与沥青相互作用,形成 SBS 改性沥青。胶体磨机的工作原理是通过高速旋转的刀盘和固定在机械壳体中的静环之间的切割和摩擦力,将橡胶颗粒切割成微细颗粒,并将其与沥青混合均匀。高速剪切法是通过高速旋转的叶片将 SBS 颗粒与沥青同时置于高速剪切机中,通过叶片的高速剪切力,将 SBS 颗粒切割成微细颗粒,并与沥青混合均匀。高速剪切机的工作原理是通过叶片的高速旋转和与固定在机械壳体中的静环之间的切割和研磨力,将 SBS 颗粒切割成微米级细小颗粒,并将其与沥青混合均匀。总的来说,无论是胶体磨法还是高速剪切法,通过将 SBS 颗粒切割成微米级细小颗粒并与沥青混合均匀,都可以使 SBS 能够更好地分散于沥青中,从而提高改性效果,并改善沥青的性能。

1. 物理共混改性的机理

将 SBS 加入沥青中后，SBS 微粒会受到沥青中饱和分和芳香分的作用，发生溶胀并均匀分散在沥青中。这使得沥青的组分构成比例发生变化，从而显著提高了改性沥青体系的路用性能。肖鹏等人通过比较基质沥青、SBS 改性剂和 SBS 改性沥青的红外光谱图发现，SBS 改性沥青的红外光谱图仅是基质沥青与 SBS 红外光谱图的简单叠加，表明 SBS 与基质沥青只是物理共混。梁乃兴等人指出，使用 SBS 改性后的沥青组分含量发生了变化，饱和分减少，而胶质和沥青质含量增加。这导致沥青组分重新分配，沥青的胶体结构由溶胶-凝胶型向凝胶型转变。SBS 与沥青之间没有发生化学反应，只是一种分子间作用力。

物理共混时，SBS 与沥青之间没有发生化学反应，只是通过分子间作用力相互作用。SBS 对沥青的改性程度以及在沥青中的分散状态受到 SBS 的结构、SBS 在沥青中的含量以及基质沥青的组分的影响。在高剪切力的作用下，SBS 聚合物的大分子链被切断，产生活泼的小分子自由基。当 SBS 含量较低时，SBS 微粒在沥青中所占的体积较小，微粒之间的接触机会较少，活泼的小分子自由基只能少量相互结合，形成较短链段的 SBS 微粒，在沥青中呈现微小颗粒均匀分散的状态。此时，SBS 是分散相，沥青是连续相。当 SBS 含量在 5%~8% 时，SBS 微粒在沥青中所占的体积逐渐增大，SBS 分子自由基通过聚苯乙烯微区的物理交联作用形成松弛的网络结构存在于沥青基体中。这种互穿的网络结构增加了 SBS 分子的可移动性，使沥青呈现出很好的弹性和塑性。SBS 与沥青牢固地结合在一起，使沥青在负荷或阳光下不易发生流动或脆化。当 SBS 含量大于 8% 时，由于 SBS 吸收沥青中的油分而溶胀为原来的 9 倍，SBS 在改性沥青中所占的体积比例占绝大部分，形成了以沥青为分散相、SBS 为连续相的结构。在这种情况下，实际上不是 SBS 改性沥青，而是沥青中的油分对 SBS 的塑性化，原沥青中较重的组分分散在 SBS 连续相中。这种体系所表现出来的性质已经不仅是沥青的性质，而主要体现为 SBS 聚合物的性质。

SBS 颗粒以物理交联的网络结构存在于沥青中时，它们有选择性地吸收沥青中的油分，沥青质则存在于网络结构的中心部分。SBS 改性沥青主要依靠网络结构本身的形状改变，即较大的拉伸变形和较小的压缩变形，从而具有较强的低温变形能力和高温抗变形能力。在 SBS 改性沥青中，如果 SBS 颗粒不发生溶胀、溶解或部分溶解，则难以形成网络结构，仅起到填充相增大体积的作用，沥青的弹性就不明显，甚至不能实现对沥青的改性。因此，溶解和溶胀是 SBS 对沥青进行改性的关键。

2. 化学改性的机理

沥青中含有羟基、碳基和酯基等有机官能团，这些官能团可以与许多物质发生化学反应，形成新的化学键，如化学交联或化学加成。例如，芳烃中的氢原子(H)和烷烃受热容易断裂的 C—S 键都是可能发生反应的切入点。沥青中的酸性或碱性基团可以与低分子化合物或其他添加剂中的相应基团发生加成、交联或接枝等化学反应，从而形成较强的共价键或离子键，改变沥青的化学结构并改善沥青的化学性质。

加成反应是指有机物分子中双键(或三键)两端的碳原子与其他原子或原子团直接结合生成新的化合物的反应。在沥青中存在自由基和烯基基团，这些官能团可以与有机化合物、不饱和单体或低分子化合物发生化学加成反应。这种加成反应是不饱和化合物特有的反应类型，它能够生成新的化合物，例如嵌段或接枝共聚物。通过这种反应，沥青的结构和性质可以被改变，从而满足不同的应用需求。所以，加成反应对于改善沥青的性能具有重要作用。

通过与含硫交联剂发生反应，可以在 SBS 改性沥青中引入硫化改性。单质硫、聚硫和含硫化合物等交联剂可以与 SBS 或沥青发生交联反应。含硫交联剂的添加可以使 SBS 部分硫化，并形成硫化的大分子网络结构，从而提高沥青的耐热性、耐候性和机械性能，特别是赋予沥青高弹性。由此增强沥青的弹性和机械强度，同时保持其塑性性能。含硫交联剂能够促使 SBS 形成永久性的三维网状结构。

## 4.1.2　胶粉改性沥青机理

1. 共混溶胀的机理

胶粉对沥青的物理改性主要包括溶胀改性作用和颗粒填充与增强作用，更适合以溶胀为主的传统胶粉改性沥青。研究人员提出了胶粉在沥青中的溶胀过程理论。在溶胀过程中，轻质组分包裹胶粉颗粒并逐渐扩散进入沥青的三维网络结构中,导致胶粉体积迅速膨胀,沥青的轻组分减少,黏度增大。同时,胶粉恢复了一部分生胶的黏性,并通过表面形成的沥青质含量较高的凝胶膜与沥青相连。这样,胶粉与沥青之间由原本无强力的连接转变为稳定的空间结构。

橡胶粉与沥青充分混容是改性沥青的前提条件。在此基础上,胶粉吸收沥青中的轻质组分而发生溶胀,并与沥青的其他组分相互作用,从而形成部分相容体系,有利于提高沥青的理化性能。胶粉加入沥青后不发生化学反应,只是胶粉在沥青的轻组分作用下发生部分溶解和体积上的溶胀,从而改善沥青性能。少量胶粉加入沥青中,被沥青所溶胀的橡胶相分散在沥青中呈"海岛"状微观结构。若加入量较多,则形成相互贯通的网络,表现为双连续相。在此网络结构形成时,会伴随着低温脆性到弹性行为的转变。添加胶粉改变了沥青的胶体结构,使得橡胶分子的部分链段和沥青质胶团均匀分布在沥青中,形成一个稳定的相容体系。沥青中轻质组分与橡胶具有相近的溶度参数,会缓慢地扩散进入橡胶分子链段的空隙中,使其松动、脱离并与橡胶混合。

2. 化学改性机理

胶粉通过高温混溶过程中的解交联和再键合来对沥青进行化学改性。这与制备活化胶粉时解交联的性质相似,尤其适用于降解为主的胶粉改性沥青。在这一过程中,胶粉的颗粒尺寸从毫米级逐渐减小至微米级甚至纳米级。橡胶分子由三维网络结构转变为具有黏性和可塑性的溶胶分子结构。同时,胶粉中的活性物质如炭黑、硫黄和防老剂也会进入沥青中。这些结构和组分的变化起到了化学改性的作用。

### 4.1.3 胶粉/SBS复合改性沥青机理

橡胶粉复合改性沥青主要由橡胶粉、SBS和基质沥青组成,有时还可以添加稳定剂。由于SBS和橡胶粉与基质沥青的相容性差,且SBS与橡胶粉之间无化学物理作用,因此,复合改性机理是由SBS改性机理和橡胶粉改性机理共同作用叠加而成。在基质沥青中,溶胀作用和相容作用是SBS和橡胶粉主要发生的反应。

橡胶粉和SBS以颗粒状态悬浮于沥青中,通过吸附部分油分,使其表面扩张膨胀形成稳定的结构;同时,橡胶粉颗粒表面形成光滑的凝胶膜,增加与基质沥青的耦合面积。这种方法不仅能增加沥青黏度,还能改善改性沥青对环境温度的敏感性。SBS是一种橡胶类聚合物,它可以有效增大沥青中胶质的质量占比,并促使沥青从胶体结构向凝胶型结构转变,通过与沥青分子间的相互作用力实现。

为了深入研究SBS橡胶粉复合改性沥青的改性机理,国内许多学者通过微观结构和宏观表现的分析对其进行了详细研究。其中,黄成武通过扫描电镜观察发现,橡胶粉颗粒和SBS链段与基质沥青紧密联系,并有序地分布于沥青中,没有出现聚集成块的情况。此外,通过红外光谱对比分析发现,复合改性沥青的红外光谱基本上是基质沥青、SBS和橡胶粉改性剂的叠加效果,表明橡胶粉、SBS和基质沥青之间在化学上没有明显的反应,只是物理形态上相互融合。韦大川等人对复合改性沥青进行了微观结构特性的分析,发现SBS和橡胶粉在基质沥青中均匀分散,并且能够相容并共存,它们之间的物理结构相互连接,从而大大提高了改性效果。

## 4.2 基于红外光谱的橡胶/SBS复合改性机理

### 4.2.1 红外光谱技术及测试参数

为了满足沥青路面的要求,已经开发了各种改性沥青和引入改性剂,显著提高了沥青的性能,解决了许多路面病害,并延长了路面的使用寿命。然而,由于沥青和改性剂的复杂性,沥青的改性机理尚未完善。傅里叶变换红外光谱(FTIR)通过识别沥青中官能团在吸收光谱上的差异,为在分子水平上研究改性机制提供了一种可靠的方法。FTIR一直被用作检测和分析有机材料的工具,具有快速高效的特点。自从被应用于沥青材料以来,FTIR展现出优良的效果。它可以在分子水平上区分沥青,为研究人员提供了探索沥青化学特性的机会。

红外光谱仪工作原理就是用一定频率的红外光聚焦照射被分析的样品时,如果分子中某个基团的振动频率与照射红外线频率相同,便会产生共振,从而吸收一定频率的红外线,把分子吸收红外线的这种情况用仪器记录下来，便能得到全面反映样品成分特征的光谱，进而推测化合物的类型和结构，如图 4.1 所示。

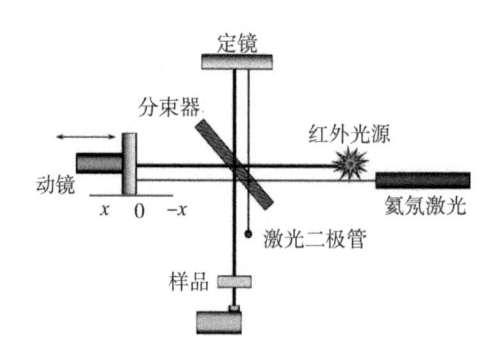

图 4.1　红外光谱测试工作原理图

FTIR 的本质是利用物质中原子的不同振动频率来记录其不同的结构和官能团。其原理是当连续波长的红外光通过物质时，物质分子会吸收与其自身振动频率相匹配的红外光。通过仪器记录被吸收的红外光的情况，即可获取红外光谱。因此，通过红外光谱的吸收峰参数可以推断出物质中含有哪些官能团，也可根据官能团的对比判断是否产生了新的官能团。

通常情况下，FTIR 可以用于对有机成分进行定性和定量分析。定性分析指的是将样品光谱与标准光谱进行比较，以识别已知物质并进一步用于鉴定未知物质的化学结构。定量分析的准确性可以通过以下原则来保证：首先，所选择的吸收峰必须是物质的特征吸收峰；其次，吸收强度必须与被测物质的浓度呈线性关系；最后，所选择的波段应具有较大的吸收系数，并且在可能发生干扰时，能够与其他吸收峰发生重叠。

根据红外线的波长范围，红外光谱可以分为以下几个区域：近红外区（0.75～2.5 $\mu m$）、中红外区（2.5～25 $\mu m$）、远红外区（25～300 $\mu m$）。由于绝大部分物质的基频吸收带都出现在 2.5～25 $\mu m$ 区间内，所以中红外区是用于分析聚合物分子结构和化学组成的主要区域。

根据官能团吸收峰来源的不同，红外光谱可以分为几个频率区：特征频率区（4 000～1 330 $cm^{-1}$）和指纹区（1 330～400 $cm^{-1}$）。特征频率区内的吸收峰是由物质中官能团的伸缩振动引起的，具有明显的特征性。这个区域通常用于确定物质中的官能团，其吸收峰形态清晰、稀疏，易于确认。在指纹区,分子中的原子会出现互不相同的振动模式,产生许多细微的特征峰,形态类似指纹。虽然对不同结构的物质来说,该区域的吸收峰较难进行对比分析,但对于结构相似的物质,可以通过该区域的吸收峰差异来分析其结构特点,并从整体上反映其差异。红外官能团位置如表4.1所示。

表4.1 红外官能团位置

| 峰值点 | 官能团 | 振动模式 |
| --- | --- | --- |
| 727 | —CH$_2$ | 摇摆 |
| 910、990 | —CH=CH$_2$ | 摇摆 |
| 1 000~1 300 | C—O | 伸展 |
| 1 031 | S=O | 伸展 |
| 1 210~1 320 | C—O | 伸展 |
| 1 375 | CH$_3$ | 变形 |
| 1 458 | CH$_2$、CH$_3$ | 变形 |
| 1 550~1 640 | N—H | 弯曲 |
| 1 580、1 600 | C=C | 振动 |
| 1 620~1 680 | C=C | 伸展 |
| 1 640~1 830 | C=O | 伸展 |
| 2 500~3 300 | O—H | 伸展 |
| 2 820~2 850、2 720~2 750 | C—H | 伸展 |
| 2 850 | C—H | 对称拉伸 |
| 2 870 | C—H | 对称拉伸 |
| 2 923 | C—H | 不对称拉伸 |
| 2 955 | C—H | 不对称拉伸 |
| 3 100~3 500 | N—H | 伸展 |
| 3 400 | N—H | 不对称拉伸 |
| 3 500 | N—H | 对称拉伸 |

### 4.2.2 红外光谱结果

本次样品制备使用压片法。将样品与适量的 KBr 粉一起研磨成细粉,采用专用的压片设备将其压制成质地较好的透明薄片。所选用的 KBr 粉是分析纯试剂,在 150～200℃的烘箱中烘干数小时,以去除 KBr 粉吸附的水分,然后在干燥器内冷却,并放入密闭的瓶中备用。采用商用傅立叶变换红外吸收光谱仪(图 4.2),测试范围 400～4 000 cm$^{-1}$,扫描次数 34 次,参照《红外光谱分析方法通则》(GB/T 6040—2019)对 SBS 改性剂、橡胶粉(CR)颗粒、基质沥青、SBS 改性沥青和橡胶/SBS 复合改性沥青进行了红外测试。其结果如图 4.3 所示。

图 4.2 红外光谱测试设备

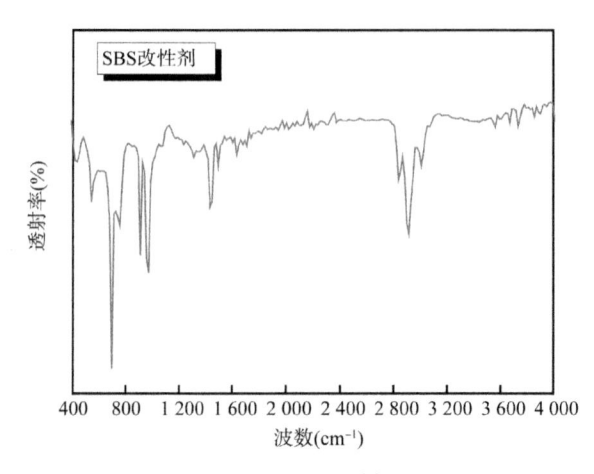

(a) SBS 改性剂

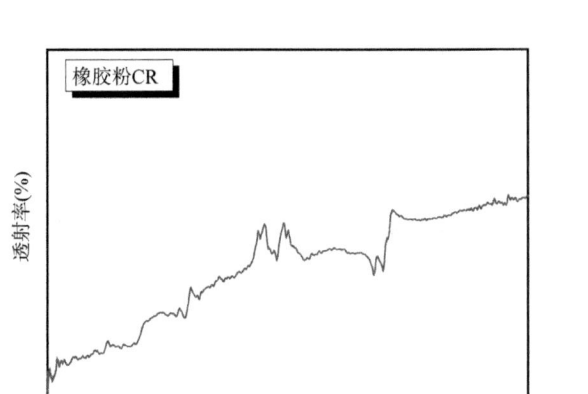

(b) 橡胶粉橡胶颗粒

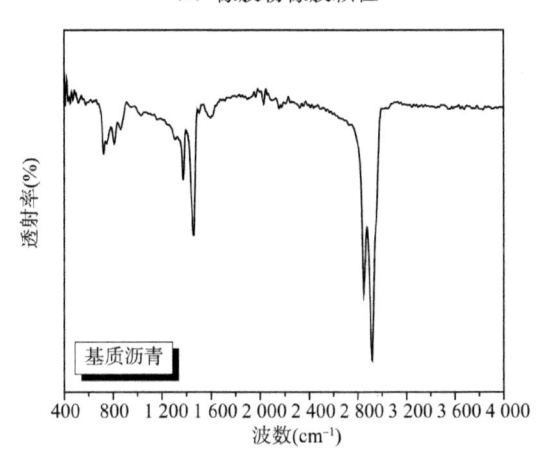

(c) 基质沥青

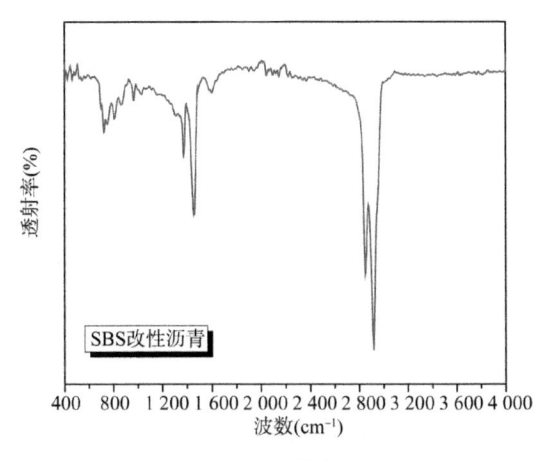

(d) SBS改性沥青

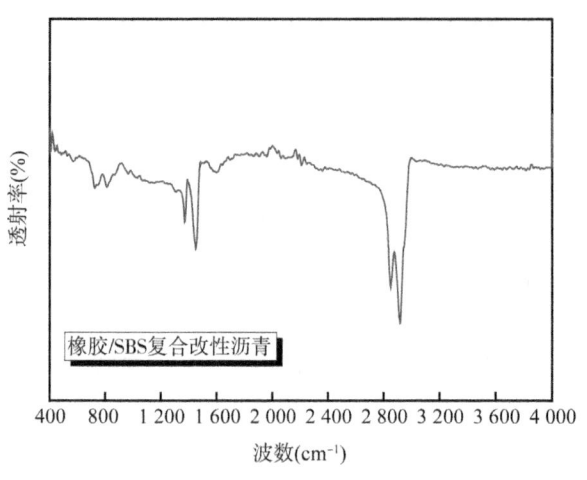

(e) 橡胶/SBS复合改性沥青

**图 4.3　沥青红外测试结果**

从图 4.3(a)可知,图 4.3 为 SK70<sup>#</sup> 沥青的红外谱图,图中 2 924、1 601 cm$^{-1}$ 是芳烃的特征吸收峰;2 852 cm$^{-1}$ 为—CH$_2$—的对称伸缩振动;1 702 cm$^{-1}$ 是羧酸中 C═O 的吸收峰;1 460 cm$^{-1}$ 是—CH$_2$—、—CH$_3$ 的弯曲振动,1 370 cm$^{-1}$ 是羧酸盐中 C═O 的吸收峰,1 017 cm$^{-1}$ 为 C—SO—C 的特征峰。以上说明 SK70<sup>#</sup> 沥青中含有少量的酸、酯、含硫物质或酚。

针对 SBS 改性沥青,具有以下特征吸收峰:在波数为 2 800～3 000 cm$^{-1}$ 的吸收峰主要是饱和烷烃 C—H 键振动引起的吸收峰。其中,2 920 cm$^{-1}$ 为亚甲基—CH$_2$—的反对称伸缩振动,2 850 cm$^{-1}$ 为亚甲基—CH$_2$—的对称伸缩振动;1 450 cm$^{-1}$ 处的吸收峰为甲基—CH$_3$ 和—CH$_2$—中 C—H 面内伸缩振动吸收峰;1 375 cm$^{-1}$ 处的吸收峰较强,为—CH$_3$ 的剪式振动吸收峰;966 cm$^{-1}$ 处较强的吸收峰是聚丁二烯 CH═CH 键的特征吸收峰,是 SBS 改性剂的特征吸收峰;698 cm$^{-1}$ 处尖锐的吸收峰,是苯环上 C—H 面外摇摆振动吸收峰,为苯乙烯的特征吸收峰。对比 SBS 改性沥青、基质沥青和 SBS 改性剂,可发现 SBS 加入后并没有新的特征峰出现,可知 SBS 改性沥青掺入基质沥青中是一种物理融合过程,并没有与基质沥青发生化学反应。因此,SBS 改性沥青中所含有的聚丁二烯官能团不会因为掺入基质沥青中而发生改变。

针对橡胶/SBS复合改性沥青,橡胶沥青的红外光谱图中吸收峰的位置与基质沥青红外光谱图中吸收峰的位置也基本一致：在官能团区，2 923 cm$^{-1}$和2 853 cm$^{-1}$两个位置的强吸收峰没有改变,指纹区的吸收峰也几乎没有改变,只是强度有所改变。橡胶/SBS复合改性沥青在2 358 cm$^{-1}$和1 596 cm$^{-1}$处有新官能团的产生,分别为胶粉中磷化物P—H伸缩振动的结果和苯环骨架共轭双键C=C伸缩振动的结果。橡胶/SBS复合改性沥青的红外光谱图中,966 cm$^{-1}$和698 cm$^{-1}$处分别是SBS聚丁二烯段双键特征峰和聚苯乙烯段特征峰。推测SBS改性剂的分子结构在高温高速剪切作用下会发生改变。SBS的C—H键和部分聚丁二烯段双键会被打开,从而使SBS、溶胀后的胶粉颗粒及基质沥青相互交织形成更为稳定的网状结构。

综合上述分析可知,在制备橡胶/SBS复合改性沥青中,橡胶、SBS和基质沥青主要发生物理作用,但同时也伴有化学作用,其主要作用于废胶粉和SBS中的聚苯乙烯段。

## 4.3 基于荧光显微的橡胶/SBS复合改性机理

### 4.3.1 荧光显微技术及测试参数

荧光显微镜利用物质的荧光现象来研究材料的光学性质。某些物质在外部能量作用下会产生发光现象,当外部能量消失时,发光现象也会消失,这就是荧光现象。一些材料在紫外光或蓝紫光照射下会产生红色、黄色、绿色等荧光,这对于研究和鉴定材料的光学性质具有重要意义。

荧光显微镜可以配备专门的光源、激发滤光器、暗场聚光镜（偏光显微镜）或专用垂直照明器（反光显微镜）等部件来实现荧光照明。常用的光源有溴钨灯或超高压汞灯。激发滤光器上装有紫外、紫、蓝、绿四个滤光器,可以选择不同的激发光。偏光显微镜的专用聚光镜可以使激发光不进入物镜,只让被激发的荧光进入物镜成像。反光显微镜则利用专门的垂直照明系统,只让被激发的荧光进入目镜进行观察。通过连接计算机,可以实时显示照射的物质。荧光显微图像技术不会改变沥青试样本身的物理和化学状态,可以直观地反映改性剂的形态、大小以及改性剂在沥青基体内的分布情况。

荧光显微图像技术在检测沥青自身性能方面具有明显的优势,主要体现在以下两个方面:沥青试样制备简单、检测灵活,使用荧光显微镜观察沥青试样时,无论是内部结构还是表面形态,都可以方便快捷地进行观测。制备沥青试样的过程相对简单,使得检测工作更加便捷。避免对沥青试样的切割：荧光显微图像技术在检测过程中避免了对沥青试样的切割,有效预防了试样形态结构的破损。这种非接触式的检测方法可以保持试样的完整性,确保准确观察沥青的性能特征。

在荧光图像中,橡胶、SBS 与沥青属于不相容的混合体系,橡胶粉、SBS 和沥青在荧光光源的照射下会显示出不相同的颜色,因此,可以通过荧光显微镜清楚地观察到橡胶粉在沥青中的分布情况。石油沥青的荧光显微颜色主要以褐色和橙色为主。根据聚合物相在受到短波光照射时反射的光波波长较沥青相要长的原理,当使用蓝光照射改性沥青时,聚合物相会反射出黄光,而沥青相则不会反射光。因此,通过观察改性沥青在蓝光照射下的反射光,可以真实地观察到聚合物相在改性沥青中的相态结构。改性沥青的相态结构对其高温储存稳定性能有着重要影响。

### 4.3.2　荧光显微结果

本试验使用荧光显微镜对基质沥青、SBS 改性沥青和橡胶/SBS 复合改性沥青进行观察。采用热熔法制样,将 100 g 的沥青滴在载玻片中央,然后盖上盖玻片。接下来,将载玻片放入烘箱中加热,直到沥青样品呈现半透明状态。取出载玻片后,让其自然冷却一段时间,直到温度降至常温。最后,将载玻片放置在荧光显微镜下进行观察。本次所用荧光显微镜如图 4.4 所示。

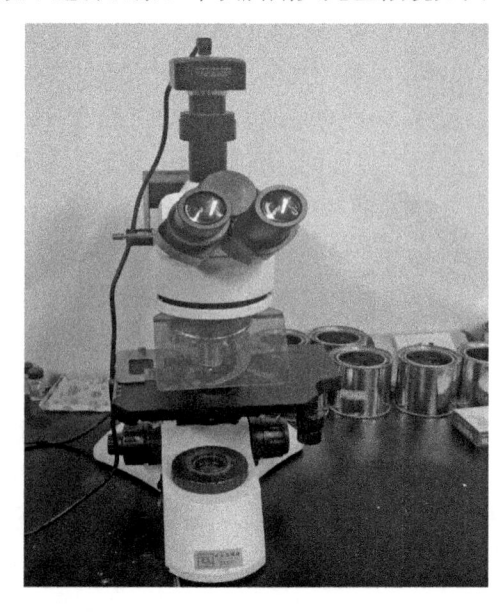

图 4.4　荧光显微镜

第 4 章　橡胶/SBS 复合改性沥青改性机理研究

基质沥青、SBS 改性沥青和橡胶/SBS 复合改性沥青的荧光图像如图 4.5 所示。

（a）基质沥青

（b）SBS 改性沥青

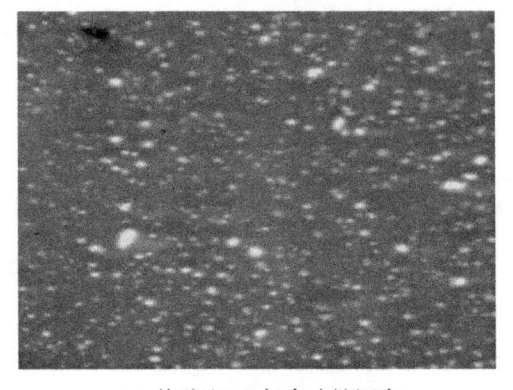

（c）橡胶/SBS 复合改性沥青

图 4.5　沥青荧光结果图

根据图 4.5(a)的荧光显微镜观察结果，基质沥青的图像视野呈现较为均匀的褐色，几乎没有荧光反射。

图 4.5(b)为 SBS 改性沥青荧光图像，可知 SBS 改性沥青的图像亮度略高于基质沥青，图像均匀分布着清晰可见的荧光点，其中每一个荧光点为一个 SBS 颗粒，且其颗粒大小发生了极大的变化，颗粒直径大约只有原 SBS 改性剂的百分之一，这是因为 SBS 颗粒在高速剪切作用下也被切割变小，并均匀分散到沥青中，且从图 4.5(b)可知，SBS 改性沥青体系形成了网络结构。

图 4.5(c)为橡胶/SBS 改性沥青荧光图像，可知其荧光图像与 SBS 改性沥青的荧光图像颜色较为接近，胶粉与 SBS 改性剂相互混溶，SBS 与胶粉均匀地分散在沥青中。基质沥青为均匀的连续相，胶粉及 SBS 作为分散相均匀地分布在基质沥青中。橡胶/SBS 改性沥青呈现出颗粒亮点，且其颗粒明显大于 SBS 改性沥青。在胶粉微粒的周围明显可以观察到一圈较暗淡的物质存在，可以推断出胶粉在沥青中发生了溶胀，胶粉与沥青有较好的相容性。主要是在橡胶粉与 SBS 复合改性沥青体系中，高温剪切加速了胶粉脱硫和降解速度，橡胶粉部分溶解，分布更加均匀。同时，在橡胶粉与 SBS 复合改性沥青制备过程中，加入稳定剂可以引发 SBS 自身发生交联反应和 SBS、橡胶粉颗粒与基质沥青间的接枝反应，从而降低三者之间的表面张力，提高改性沥青的性能和热稳定性，这也是橡胶粉与 SBS 复合改性沥青改性效果更好的原因。

## 4.4 基于差示扫描量热法(DSC)的橡胶/SBS 复合改性机理

### 4.4.1 DSC 技术及测试原理

差示扫描量热(DSC)是一种测量试样与参比物在程序控制温度下功率差与温度关系的技术。它用于研究试样在熔融、玻璃转化、固态转化或结晶化过程中吸收或释放的热量。差示扫描量热法(DSC)又称为差动分析，其仪器结构与差热分析仪器相似，包括控温炉、温度控制器、热量补偿器、样品舱和记录仪等。

在 DSC 方法中，通过热量补偿器以增加电功率的方式对参比物试样中温度较低的一方给予热量的补偿。所做的功即为试样的吸放热变化量。这些变化量通过记录下的 DSC 曲线直接反映出来。在 DSC 中所使用的参比物为热惰性物质,这些物质具有低蒸汽压和良好的化学稳定性特性。DSC 具有较高的分辨率,可以提供较高的温度和热焓测量精确度。此外,DSC 所需的试样量较小,因此在高聚物研究中广泛应用。DSC 曲线受多种因素的影响,其中包括样品的热性能、热传导性、热容量等。

沥青的复杂性主要体现在其化学组成和物理结构上。沥青由成百上千种组分组成,每种组分的化学结构、溶解度参数、分子大小和极性等性质都有差异,导致沥青不是一种完全互溶的溶液,其中许多组分为不连续相。沥青是一种不均匀体系,这是因为沥青中各组分在某一温度下的存在形态是不同的。在一定的温度下,沥青中某些组分为液态,而某些组分为固态。随着温度的升高,一部分固态组分会转变为液态,而温度降低时又会有一部分组分变为固体。固态物质中,分子堆砌紧密,分子间的距离小,分子间作用力大,因此分子表现为不能自由转动和移动,具有难以压缩、不能流动和扩散、具有一定的硬度等特性。液态物质中,分子能够转动和移动,表现出一定的体积而无固定形状,能够流动和扩散。由于固态和液态时分子间作用力的差异,当沥青中组分由固态转变为液态(或液态转变为固态)时,沥青中组分的分子链之间的排列和堆砌结构发生了变化,即聚集态发生了改变,从而导致沥青宏观性质的变化。在某一温度范围内,沥青中发生聚集态变化的组分越多,沥青的宏观性能变化就越大,温度稳定性越差。

对于某一温度下沥青中聚集态转变的组分,其吸收或释放的热量越多,说明沥青中在该温度下发生聚集态转变的组分就越多,沥青的温度稳定性就越差。这种温度变化过程中的热效应可以通过差示扫描量热法(DSC)来测定。通过 DSC 谱图中吸收峰的位置和吸热量的大小,可以表征沥青中组分发生聚集态的微观变化,进而评价沥青的温度稳定性和推测改性沥青的机理。

在 DSC 实验中,试样和参比物被放置在两个独立的加热室中,以保持它们相同的温度。当试样在加热过程中发生热量变化时,通过及时输入电能进行补偿,可以记录到电功率的大小,从而得到试样吸收或释放的热量。这种记录补偿能量所得到的曲线称为 DSC 曲线。

试验条件设定:在氮气条件下,通入氮气流量为 30 mL/min,温度范围为由室温到 800℃,升温速率为 10℃/min。本次所用设备如图 4.6 所示。

图 4.6 DSC Q20 设备

## 4.4.2 DSC 结果

沥青中的各组分和沥青相态对温度敏感性有所差异,而采用差示扫描量热法(DSC)可以分析材料内部特性随温度变化的情况。因此,本书利用 DSC 从能量角度研究改性沥青相态结构与组分的微观变化,在一定程度上分析基质沥青和改性沥青的温度敏感性问题。

图 4.7 为 70# 基质沥青、SBS 改性沥青和橡胶/SBS 复合改性沥青的 DSC 结果图。以热流率(mW)为纵坐标,以时间($t$)或温度($t$)为横坐标。DSC 曲线离开基线的位移代表样品吸收或释放热量的速率。

由于改性剂掺入后与沥青形成的体系为多相体系,因此改性剂表面对沥青中组分的选择性吸附以及沥青中另一部分组分作为溶剂掺入改性剂网络,这必然改变了自由沥青中各组分的配伍及存在形式。DSC 分析时,沥青中结晶组分的熔融和非晶组分的相变化都会产生吸热峰,沥青中的众多组分会

(a) 基质沥青

(b) SBS 改性沥青

(c) 橡胶/SBS 复合改性沥青

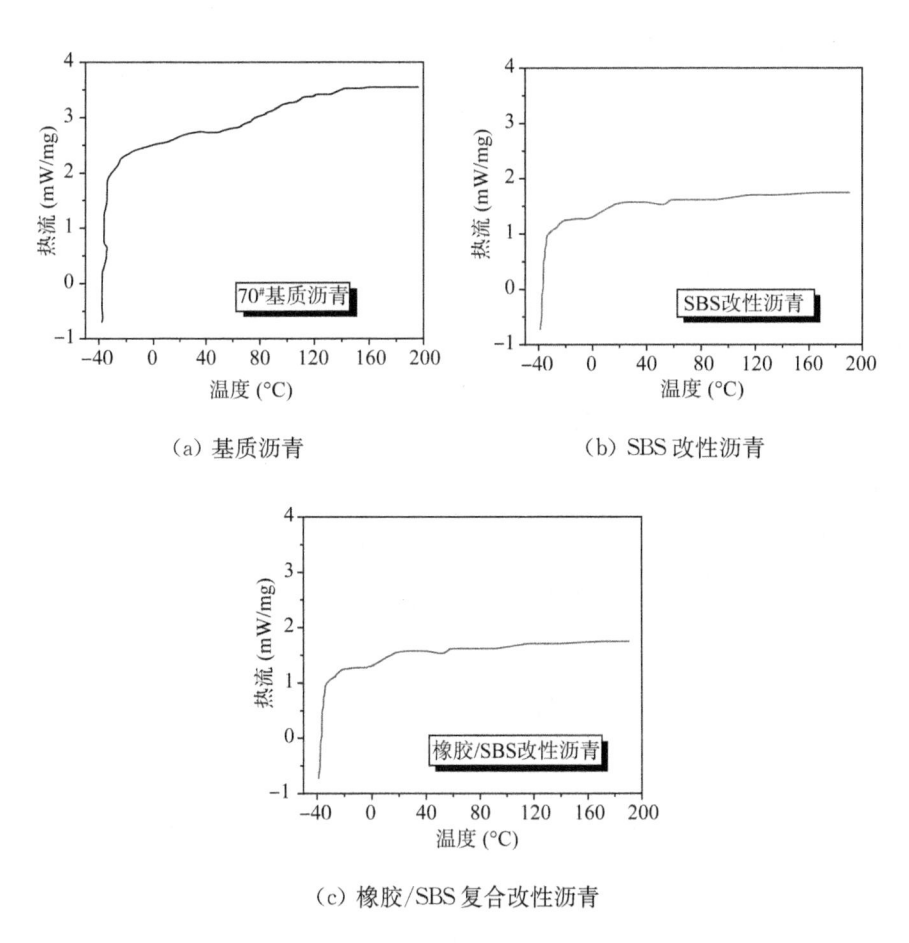

图 4.7　DSC 试验结果

产生各自的吸热峰,这些吸热峰会重叠在一起,形成一个较宽的吸收峰。这是因为沥青中的各组分可能在不同的温度范围内发生聚集态的变化。吸热峰包围的面积大,说明沥青在该温度区间发生变化的组分多,在宏观上必然会对沥青的物理性质产生较大的影响,即表现为热稳定性差。所以稳定的沥青体系,其 DSC 曲线比较平坦,很少有吸热峰出现或者吸热峰很小。

从图 4.7 可知,根据 DSC 曲线图的分析,可以得出以下结论:三种沥青样品的曲线形状和变化趋势基本相同,但各自的 DSC 曲线平缓程度有较大差异。70# 基质沥青的 DSC 曲线最为平缓,其次是 SBS 改性沥青和橡胶/SBS 复合改性沥青,说明胶粉和 SBS 改性剂的加入会造成沥青性质的变化。

吸收峰的起始和结束温度的稳定性可以表示沥青中组分发生聚集态变化的温度区间。如果吸收峰的起始和结束温度变化范围较大,说明沥青中的组分在更广泛的温度范围内发生聚集态变化,表明沥青的温度稳定性较差。吸收峰的面积代表了在这个温度范围内沥青中发生聚集态转变的组分数量的多少。吸热峰面积越大,表示在这个温度范围内有更多的组分发生了聚集态的变化。从 DSC 图像进一步计算得到其吸热量,结果如图 4.8 所示。

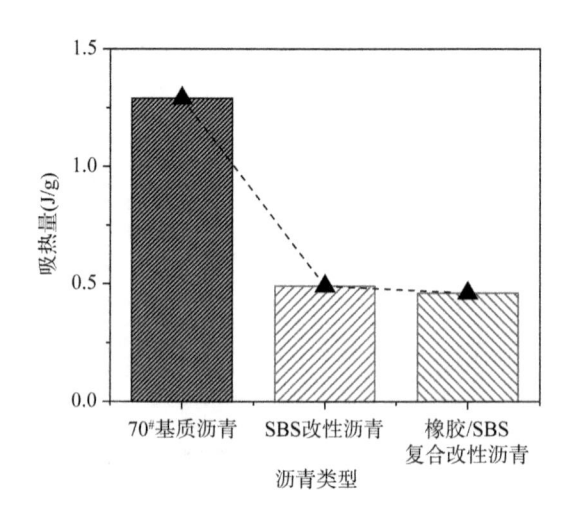

**图 4.8 沥青吸热量结果**

70#基质沥青的吸热量最大,其次是 SBS 改性沥青和橡胶/SBS 复合改性沥青。从热稳定性角度来分析,SBS 改性沥青和橡胶/SBS 复合改性沥青的热稳定性都优于 70#基质沥青。SBS 改性沥青和橡胶/SBS 复合改性沥青的 DSC 曲线在 160℃之后几乎没有吸收峰,说明 SBS 与胶粉在沥青中完成了聚集态的转变,降低了沥青的温度敏感性。从本次结果可知,橡胶/SBS 复合改性沥青在胶粉和 SBS 两种改性剂的共同作用下,其热稳定性优于 SBS 改性沥青和 70#基质沥青。

## 4.5 基于凝胶渗透色谱(GPC)的橡胶/SBS复合改性机理

### 4.5.1 GPC技术及测试参数

凝胶渗透色谱(GPC)是一种用于分析沥青材料分子量分布的有效和方便的技术。它将样品溶解并通过一根由多孔凝胶填充的柱子进行分离,根据沥青分子的大小将它们分离出来。GPC可以提供关于沥青分子量分布的信息,包括平均分子量、分子量范围和分子量分布的形态。

本次使用美国Agilent Technologies公司生产的凝胶色谱仪进行GPC试验,以测定各制备阶段沥青的分子量。试验时,测试样品的制备过程如下:首先,取0.20 g沥青样品溶解在10 mL四氢呋喃溶液(THF)中,然后静置24 h;接下来,将溶液通过0.45 μm聚四氟乙烯(PTFE)过滤膜过滤,并收集在0.5 mL离心管中;然后,使用100 μL注射器从离心管中取样,并排除气泡后,将溶液从手动进样口注入。试验过程中,采用1 mL/min的流速运行30 min。最后测定沥青的分子量。本次所用的设备如图4.9所示。

图4.9 凝胶色谱仪

### 4.5.2　GPC 结果

图 4.10 为 70# 基质沥青、SBS 改性沥青和橡胶/SBS 复合改性沥青的 GPC 结果。对比三种沥青的 GPC 结果,可知 70# 基质沥青左侧没有聚合物峰,而 SBS 改性沥青和橡胶/SBS 复合改性沥青左侧均出现了明显的聚合物峰。除了聚合物峰外,三种沥青的 GPC 曲线较为相似,峰值出现的位置基本一致,但其峰高度和峰的性质不同。峰的高度则是反映该分子量区间内的分子量平均值,峰面积的大小与所占总面积的比例,即峰的百分比,可以反映样品的分子量分布情况。因此,从 GPC 结果可知,三种沥青的分子量存在明显不同。

(a) 70# 基质沥青

(b) SBS 改性沥青

(c) 橡胶/SBS 复合改性沥青

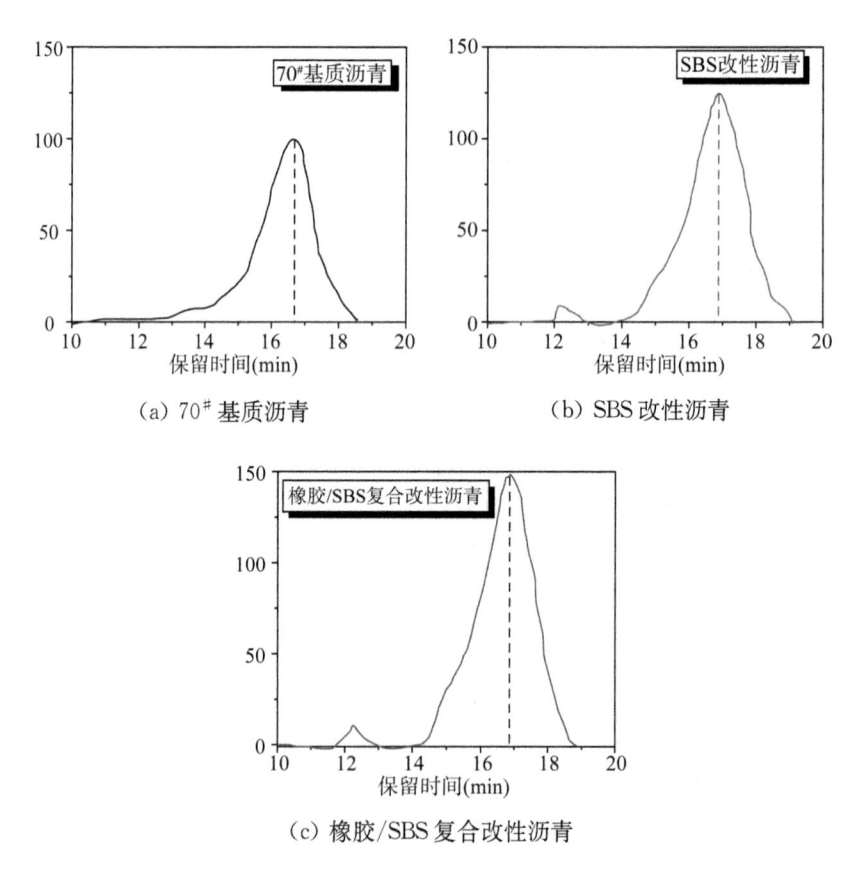

**图 4.10　沥青 GPC 结果**

通过 GPC 试验结果,可以得到三种沥青在分子大小分布方面的差异,将沥青的 GPC 试验结果分为三个大区间:大分子区间(Large Molecules Size,

LMS,对应 1~5 等份)、中分子区间(Medium Molecules Size,MMS,对应 6~9 等份)、小分子区间(Small Molecules Size,SMS,对应 10~13 等份)。LMS 是目前公认的与沥青性能有较好相关的性能。进一步计算三种沥青的 LMS 在所有分子量中的占比情况,其结果如图 4.11 所示。

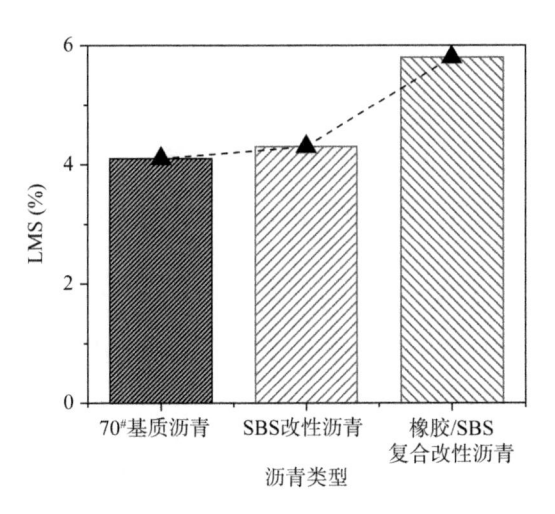

图 4.11 沥青大分子区间占比

从图 4.11 可知,三种沥青的 LMS 存在较大区别,其中 SBS 改性沥青与 70# 基质沥青较为接近,但橡胶/SBS 复合改性沥青的 LMS 值最高。对于 SBS 改性沥青而言,SBS 改性剂加入后会吸收轻质组分,导致沥青体系中小分子区间和中分子区间变小,而 LMS 比例相对增大。但由于 SBS 改性沥青的改性剂用量较少,其 LMS 略高于 70# 基质沥青。而对于橡胶/SBS 复合改性沥青,其 LMS 明显高于 70# 基质沥青和 SBS 改性沥青,这是由于在复合沥青中,胶粉掺量为 20%,SBS 改性剂含量为 3%,当胶粉和 SBS 被加入沥青中后,在高温和低速剪切的机械力作用下,一部分废胶粉和 SBS 吸收了来自 70# 基质沥青和软化剂中的轻质油分子,在胶粉和 SBS 颗粒表面形成一种沥青质含量较高的凝胶膜。废胶粉和 SBS 颗粒之间通过这些凝胶膜在沥青中相互连接,形成一个半固态但连续的混合体系。因此,橡胶/SBS 复合改性沥青的大分子量远多于基质沥青中的大分子量。这也证实了,橡胶/SBS 复合改性沥青形成了高分子量的网络结构,该网络结构可以提高沥青的黏度和弹性,从而改善沥青的性能。

## 4.6 本章小结

在对胶粉与 SBS 改性沥青机制综述的基础上,本章利用红外光谱、荧光显微镜、差示扫描量热、凝胶色谱等微观测试技术手段开展了橡胶/SBS 复合改性沥青的机理研究。结果表明:

(1) 橡胶/SBS 复合改性沥青吸收峰的位置与基质沥青红外光谱图中吸收峰的位置基本一致,胶粉、SBS 与沥青复合体系中主要发生了物理共混,只有少量的 SBS 改性剂与沥青发生了化学反应,而参与化学反应的是 SBS 改性剂中的丁二烯段。

(2) 荧光显微结果显示,在橡胶/SBS 复合改性沥青体系中,胶粉呈絮状颗粒分布在沥青相中,SBS 改性剂的体积较小,在胶粉颗粒周围呈微小点状分布,形成彼此交织的网状结构。

(3) 胶粉和 SBS 改性剂的加入会造成沥青性质的变化,橡胶/SBS 复合改性沥青在胶粉和 SBS 两种改性剂的共同作用下,其热稳定性优于 SBS 改性沥青和基质沥青。

(4) GPC 结果表明,橡胶/SBS 复合改性沥青的分子量与基质沥青和 SBS 改性沥青存在不同,橡胶/SBS 复合改性沥青的大分子量远多于基质沥青中的大分子量。这表明橡胶/SBS 复合改性沥青形成了高分子量的网络结构。

# 第 5 章

橡胶/SBS 复合改性沥青混合料设计及性能研究

为探究橡胶/SBS复合改性沥青应用于沥青路面后的实际效果,本章将针对江西省路面工程常用的AC-13和AC-20型级配结构进行研究。借鉴现有的研究和实际工程应用成果,设计基质沥青、SBS改性沥青、橡胶/SBS复合改性沥青的配合比。通过进行高温车辙试验、低温小梁弯曲试验、浸水马歇尔试验、冻融劈裂试验和四点弯曲疲劳试验,对比分析橡胶/SBS复合改性后,AC-13和AC-20的高温稳定性、低温抗裂性、水稳定性和抗疲劳性能。

## 5.1 集料性质

1. 粗集料

粗集料是橡胶沥青混合料中的关键组成部分,可以保证混合料整体受力稳定,所以集料的选择要严格按照规范要求,确保所选用的集料表面清洁无污染,其坚固性、耐磨性和棱角性等性能指标符合要求,本次粗集料技术指标如表5.1所示。

表5.1 粗集料技术指标

| 试验指标 | 单位 | 实测结果 | 技术指标 | 试验方法 |
| --- | --- | --- | --- | --- |
| ≤0.075颗粒含量 | % | 0.3 | ≤1 | T0310 |
| 坚固性 | % | 9 | ≤12 | T0314 |
| 压碎值 | % | 16.5 | ≤26 | T0316 |

续表

| 试验指标 | 单位 | 实测结果 | 技术指标 | 试验方法 |
|---|---|---|---|---|
| 针片状含量 | % | 9.7 | ≤15 | T0312 |
| 表观相对密度 | g/cm³ | 3.012 | ≥2.60 | T0304 |
| 洛杉矶磨耗损失 | % | 13.5 | ≤28 | T0317 |
| 毛体积相对密度 | g/cm³ | 2.910 | 实测 | T0304 |
| 吸水率 | % | 0.7 | ≤2.0 | T0304 |
| 含泥量 | % | 0.3 | ≤1 | T0310 |

2. 细集料

细集料则主要影响混合料的流变性能，应特别注意其洁净程度，如果细集料洁净程度较差，会使沥青混合料黏结力降低、沥青用量增加，同时严重影响沥青混合料的路用性能。本次细集料的技术指标如表5.2所示。

表5.2 细集料技术指标

| 试验指标 | 单位 | 实测结果 | 技术指标 | 试验方法 |
|---|---|---|---|---|
| 表观相对密度 | g/cm³ | 2.670 | ≥2.50 | T0328 |
| 毛体积相对密度 | g/cm³ | 2.740 | 实测 | T0330 |
| <0.075颗粒含量 | % | 7.2 | ≤15 | T0327 |
| 砂当量 | % | 73 | ≥60 | T0334 |
| 吸水率 | % | 1.53 | 实测 | T0330 |
| 坚固性(>0.3 mm的部分) | % | 14.2 | ≥12 | T0340 |

3. 填料

当沥青和填料混合后，沥青会形成黏膜覆盖在填料表面，增加沥青的包裹量，更有利于与集料黏附在一起。这样可以增加混合料的沥青劲度模量，进而提高混合料的路用性能。当填料的比例过大时，会导致混合料的搅拌困难，降低混合料的流动性和可塑性。因此，在调整混合料配合比时，需要注意填料的适当比例，以保证混合料的工作性能。本次采用的矿粉为石灰岩经磨细得到，为保证沥青混合料良好的性能，矿粉应干燥、洁净，能自由地从矿粉仓流出。矿粉的技术指标如表5.3所示。

表5.3 矿粉的技术指标

| 试验指标 | 单位 | 实测结果 | 技术指标 | 试验方法 |
|---|---|---|---|---|
| 表观相对密度 | g/cm³ | 2.762 | ≥2.50 | T0352 |
| 含水量 | % | 0.8 | ≤1 | T0332 |
| 粒度范围<0.6 mm | % | 100 | 100 | T0351 |
| 粒度范围<0.15 mm | % | 97.3 | 90~100 | T0351 |
| 粒度范围<0.075 mm | % | 87.5 | 75~100 | T0351 |
| 外观 | — | 符合 | 无团粒结块 | |
| 亲水系数 | — | 0.87 | <1 | T0353 |
| 塑性指数 | — | 2.6 | <4 | T0354 |
| 加热安定性 | — | 实测 | 实测 | T0355 |

## 5.2 沥青混合料路用性能试验方法

### 5.2.1 车辙试验

高温稳定性是指在高温环境下承受车辆荷载时，沥青路面的抗变形能力。作为黏弹性材料，沥青混合料在高温条件下容易发生变形，尤其在夏季温度较高的情况下。这种高温变形会对沥青路面的路用性能和安全性造成严重影响。因此，评价沥青混合料的高温稳定性能变得非常必要。车辙病害是指在高温条件下，路面产生的永久变形问题。车辙病害不仅会破坏路面的整体结构，对行车安全构成威胁，还可能导致其他路面病害的产生。为了更好地预防车辙病害的发生，研究人员一般将沥青混合料的高温稳定性作为衡量沥青路面性能的重要指标。

评价沥青混合料高温稳定性的方法有多种，其中包括三轴加载法、单轴贯入试验和车辙试验等。三轴加载法可以通过测量回弹模量和相位角等动态模量来评估抗车辙性能。单轴贯入试验可以评估沥青混合料的抵抗剪切变形能力。车辙试验则通过测试试件在车轮反复碾压下的变形量来评价沥青混合料的高温性能。相比前两种方法，车辙试验更能真实模拟实际路面在车辆荷载下的车辙现象,试验结果直观且贴近实际情况。

目前,高等级公路中的车辙病害较为常见,以失稳型车辙为主,我国规范标准以 60 ℃ 条件下动稳定度指标表征沥青混合料抗车辙能力。车辙试验时采用全自动车辙试验仪,可以调整轮压范围在 0.7~1.3 MPa 之间,并且最高可控制试验温度在 80 ℃ 以内。制备试块时采用轮碾法成型,尺寸为 300 mm×300 mm×50 mm。沥青混合料用量范围在 11.5~11.85 kg 之间,装入试模时需边装入边夯实,最终形成中间高四周低的形状。装入预热好的轮碾机后进行碾压成型。由于轮碾机成型的试件通常无法达到绝对平整,可能会有局部凸起或凹陷,因此,在碾压完成后需要立即用击实锤进行二次整平,以提高车辙试验的准确性。需要注意的是,复合改性沥青属于改性沥青,因此,在最终的碾压成型后,必须连同试模一起在室温下冷却 48 h,确保沥青混合料试件充分固化后才能进行车辙试验。

车辙试验能够得到沥青混合料在恒定荷载下,变形随时间变化的曲线。试验刚开始所得数据并不准确,并不能表现出高模量沥青混合料的高温性能。因此,试验选取 45 min($t_{45}$)到 60 min($t_{60}$)之间的车辙深度变化量,即动稳定度来评价其高温性能,动稳定度 $DS$ 可以表示车辙的发展速率,按式(5.1)计算。

$$DS = \frac{(t_{60}-t_{45})}{d_{60}-d_{45}} \times C_1 \times C_2 \times N \tag{5.1}$$

式中:$DS$ ——动稳定度(次/mm);

$d_{60}$ ——60 min 时的车辙深度(mm);

$d_{45}$ ——45 min 时的车辙深度(mm);

$C_1$ ——试验机类型系数,取 1.0;

$C_2$ ——300 mm 的试件,取 1.0;

$N$ ——碾压速度,取 42 次/min。

### 5.2.2 低温弯曲试验

在低温环境下,沥青路面受到材料本身的约束,无法自由收缩,从而产生温度应力。当温度应力达到路面材料抗弯拉强度的极限时,就会产生裂缝。初期裂缝的产生对行车安全性和舒适性影响较小。然而,随着时间的推移,空气、路表水、灰尘等有害物质会沿着裂缝侵入路面结构,导致路面结构性能的劣化,加速沥青路面的老化。这进一步导致局部凹陷、网裂等严重病害的产生,大大缩短沥青路面的使用寿命。

针对低温抗裂性能的分析,研究者通常会选择直接拉伸试验、弯曲破坏试验和应力松弛试验等方法。在本研究中,考虑到试验条件等因素,选择了低温弯曲破坏试验的方法。

首先,制备尺寸为 250 mm×30 mm×35 mm、跨度为 200 mm 的棱柱形小梁。试验温度选为 −10℃,并将试件置于恒温水槽中,保温至少 45 min。然后,测试了试件在破坏时的最大荷载和跨中挠度。通过计算公式(5.2)、(5.3)、(5.4),可以得出试件在破坏时的抗弯拉强度、最大弯拉应变以及劲度模量。

$$R_B = \frac{3 \times L \times P_B}{2 \times b \times h^2} \tag{5.2}$$

$$\varepsilon_B = \frac{6 \times h \times d}{L^2} \tag{5.3}$$

$$s_B = \frac{R_B}{\varepsilon_B} \tag{5.4}$$

其中:$R_B$ ——试件破坏时的抗弯拉强度(MPa);

$\varepsilon_B$ ——试件破坏时的最大弯拉应变($\mu\varepsilon$);

$L$ ——试件的跨径(mm);

$P_B$ ——试件破坏时的最大荷载(N);

$d$ ——试件破坏时的跨中挠度(mm)。

### 5.2.3　浸水马歇尔及冻融劈裂试验

水损害是指水分渗入路面,破坏沥青与集料的结合,导致沥青与矿料之间的黏附性逐渐降低并丧失黏结能力,混合料的强度逐渐降低。在交通荷载和环境等因素的作用下,会导致路面松散、坑槽和局部结构破坏等问题。研究表明,超过 70% 的沥青路面早期破坏都与水损害有关,水损害已经成为沥青路面寿命缩短、服务质量下降的主要原因之一。因此,对沥青混合料的水稳定性进行评价具有重要意义,目前国内常用浸水马歇尔试验和冻融劈裂试验开展。

1. 浸水马歇尔试验

浸水马歇尔稳定度试验是检验沥青混合料遭受水损害时抵抗剥落的能力。根据《公路工程沥青及沥青混合料试验规程》(JTG E20—2011)中的T0709—2011试验方法进行。首先,使用马歇尔击实法制备标准的马歇尔试件。试件的高度为63.5±1.3 mm,直径为101.6±0.2 mm。一共制备8个试件,分为两组,每组4个。将第一组的4个试件放置于60±1℃的恒温水箱中,保温30 min。将第二组的4个试件放置于60±1℃的恒温水箱中,保温48 h。待两组试件保温时间结束后,立即将试件取出,并将其放置于马歇尔稳定度仪上进行测试。以其浸泡30 min和48 h的马歇尔稳定度为指标计算浸水残留稳定度。计算公式如式(5.5)所示。

$$MS_0 = \frac{MS_1}{MS} \times 100\% \quad (5.5)$$

其中：$MS_0$——试件的浸水残留稳定度(%);

$MS_1$——试件浸水48 h后的稳定度(kN);

$MS$——试件的稳定度(kN)。

2. 冻融劈裂试验

按照《公路工程沥青及沥青混合料试验规程》(JTG E20—2011)中T0729—2000试验方法进行。首先,正反各击实50次来制备马歇尔试件,试件高度为63.5±1.3 mm,直径为101.6±0.25 mm,所制马歇尔试件数量为8个,分为两组,每组4个马歇尔试件。

设置真空干燥箱的压强为97.3～98.7 kPa(730～740 mmHg),将对照组的试件放入真空干燥箱中,并保持15 min,以去除试件中的气泡和水分。打开真空干燥箱的阀门,使试件恢复到常压,然后将试件放入水中浸泡0.5 h,以恢复试件的水分状态。将对照组的试件分别放入装有少量水的塑料袋中,并将塑料袋系好。然后将装有试件的塑料袋放入-18±2℃的冰箱中,低温保存16±1 h,以模拟低温条件下的试件处理。从冰箱中取出试件后,将其放入60±1℃的恒温水箱中,撤去塑料袋,保持24 h,以模拟高温条件下的试件处理。

经过以上对照组的试件处理后,将原始组的试件与对照组的试件一起放

入 $25\pm0.5$ ℃的恒温水箱中,放置不少于 2 h,使试件的温度均匀分布。从恒温水箱中取出试件,立即将其放到马歇尔试验机上进行劈裂试验,以评估试件的抗裂性能。冻融劈裂强度比的计算公式如下:

$$TSR = \frac{R_1}{R} \times 100\%  \qquad (5.6)$$

其中: $TSR$ ——劈裂强度比(%);

$R_1$ ——冻融试件的劈裂强度(MPa);

$R$ ——未冻融试件的劈裂强度(MPa)。

### 5.2.4 弯曲疲劳试验

沥青路面的疲劳特征主要表现为疲劳裂纹的形成和扩展。疲劳裂纹是沥青路面长期受到应力与应变交替作用后,由于沥青材料的损伤累积,导致路面出现裂缝。这些裂缝通常沿着沥青层的表面方向延伸,并且在交通荷载作用下逐渐扩展。疲劳裂纹的形成和扩展是由于沥青材料在应力作用下发生变形,而在应变消失后又不能完全恢复到初始状态,从而导致了损伤累积。这种变形和恢复不完全的过程被称为疲劳循环。每次车辆通过路面时都会产生应力循环,这些循环的次数和幅值会导致路面疲劳损伤的累积。

沥青路面的疲劳性能研究非常重要,因为它在一定程度上可以反映路面的使用寿命。研究沥青路面的疲劳破坏主要关注疲劳裂缝的形成和扩展。这些裂缝不是由于车辆荷载过大造成的,相反,它们是由于较低水平的荷载(往往低于沥青路面层底拉应力)长期反复作用导致的。在裂缝发展的初期(即微裂缝阶段,通常肉眼不可见),沥青路面的模量逐渐下降。在裂缝发展的第二阶段(裂缝扩展期),微裂缝在荷载的持续作用下逐渐扩展为较大的裂缝(即宏观裂缝,肉眼可见)。到了第二阶段末期,沥青路面发生疲劳破坏,路面结构失效。因此,了解和评估疲劳特征对于设计和维护沥青路面具有重要意义。

将车辙板切割成长 250 mm×宽 50 mm×高 50 mm 的小梁试件(试件梁的跨径为 200 mm)。首先进行小梁弯曲试验,得到每种混合料的抗弯拉强度(即破坏强度),以抗弯拉强度控制应力参数(本试验采用应力控制加载模式),然后在 0.3、0.4 和 0.5 三种应力比条件下进行小梁的疲劳试验,试验得到的循环周次值即为该应力比下小梁的疲劳寿命。

## 5.3 AC-13 混合料设计及性能研究

### 5.3.1 AC-13 混合料级配及油石比确定

在沥青混合料中,粗集料的作用主要有以下几方面:(1)承载能力:粗集料是沥青混合料的承力主体,能够承受车辆和交通荷载的作用,将荷载分散到下方路基,提高路面的承载能力和抗变形能力。(2)骨架结构形成:粗集料相互嵌挤形成骨架结构,提供路面的强度和稳定性,防止沥青混合料的变形和沉降。(3)密实性:粗集料的形状和表面特性能够提供沥青混合料的密实性,使得沥青黏附于粗集料表面,提高混合料的耐久性和抗水损坏能力。(4)孔隙填充:细集料、沥青和填料填充粗集料形成的孔隙时,可以提高沥青混合料的孔隙率,改善排水状况和降低噪音,同时也能够增加沥青的黏附性和稳定性。因此,在沥青混合料的配合比设计中,需要合理选择粗集料的种类和粒径分布,以满足路用性能的要求,并且要注意粗集料的骨架结构形成和孔隙填充效果,以保证混合料的稳定性和耐久性。

按照《公路沥青路面施工技术规范》(JTG F40—2004)以及实际项目技术指标关于 AC-13 型密级配沥青混合料矿料级配范围的要求,确定级配曲线,如图 5.1 所示。

马歇尔法是一种常用的沥青混合料配合比设计方法。以下是使用马歇尔法进行配合比设计的具体步骤:

① 准备试件:根据规范要求,制备满足规定尺寸的马歇尔试件,一般为高度 63.5±1.3 mm,直径 101.6 mm。确保试件的尺寸符合要求。

② 温度控制:将拌锅温度升至设计拌和温度 180℃,将烘箱温度设定为 185℃(高于拌和温度),确保集料充分加热。

③ 称取集料:按照给定的级配要求,使用精度较高的电子秤称取粗集料和细集料,并充分混合。矿粉在称取后,需要单独存放。

④ 加热集料:将粗细集料和矿粉放入烘箱中进行加热,确保集料达到设计温度。

⑤ 搅拌混合:在拌锅中首先加入粗细集料,然后将达到温度的沥青均匀

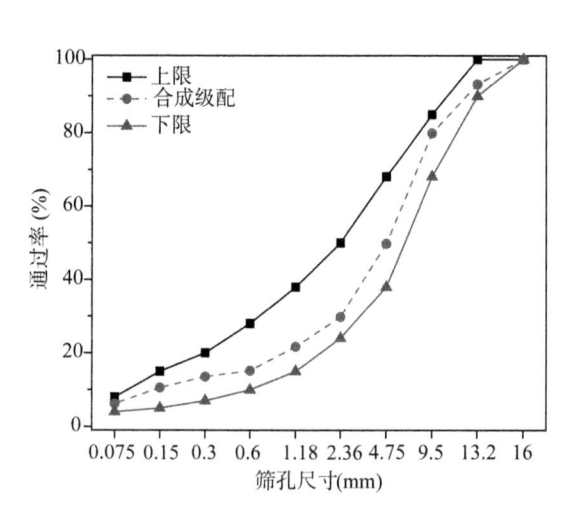

图 5.1　矿粉技术指标

加入拌锅中,进行 90 s 的充分搅拌。接着,倒入单独装盘的矿粉,继续搅拌,搅拌时间仍为 90 s,总共搅拌 3 min。

⑥ 压实试件:称取一定质量的沥青混合料,放入马歇尔击实模具中,按四分法从四个方向用小铲将混合料铲入试模中。然后使用插刀或大螺丝刀,沿周边进行 15 次插捣,中间进行 10 次插捣,一共进行 75 次双面击实。

⑦ 使用标准击实仪:使用标准击实仪进行击实,确保击实次数和方法符合规范要求。

通过以上步骤,可以得到满足规范要求的马歇尔试件,用于后续的配合比设计和性能评价。

在确定混合料级配后,对 AC-13 混合料进行配合比设计时,需要确定拌和温度和压实温度。本次研究时通过规范给出的施工温度参考值区间,混合料成型时确定的矿料加热温度范围在 190~200℃,混合料拌和温度在 180℃,试件成型击实温度在 170~180℃,采用双面击实 75 次成型马歇尔试件,对橡胶/SBS 复合改性沥青混合料的体积参数进行测定。然后进行马歇尔试验,测得稳定度和流值。将不同油石比下各个参数的变化规律进行绘制,以确定最佳油石比,其结果如表 5.4 所示。

表 5.4  橡胶/SBS 复合改性 AC-13 沥青混合料马歇尔试验结果

| 油石比(%) | 毛体积密度 | 空隙率 VV(%) | 矿料间隙率 VMA(%) | 沥青饱和度 VFA(%) | 稳定度(kN) | 流值(mm) |
|---|---|---|---|---|---|---|
| 4.0 | 2.425 | 6.6 | 14.1 | 54.3 | 13.2 | 2.8 |
| 4.5 | 2.434 | 5.5 | 14.2 | 62.4 | 14.0 | 3.0 |
| 5.0 | 2.446 | 4.4 | 14.3 | 69.2 | 14.5 | 3.2 |
| 5.5 | 2.453 | 4.6 | 14.5 | 75.7 | 15.1 | 3.3 |
| 6.0 | 2.450 | 3.0 | 15.0 | 81.2 | 14.6 | 3.4 |
| 要求 | — | 4～6 | ≤14 | 65～75 | ≤8 | 1.5～4 |

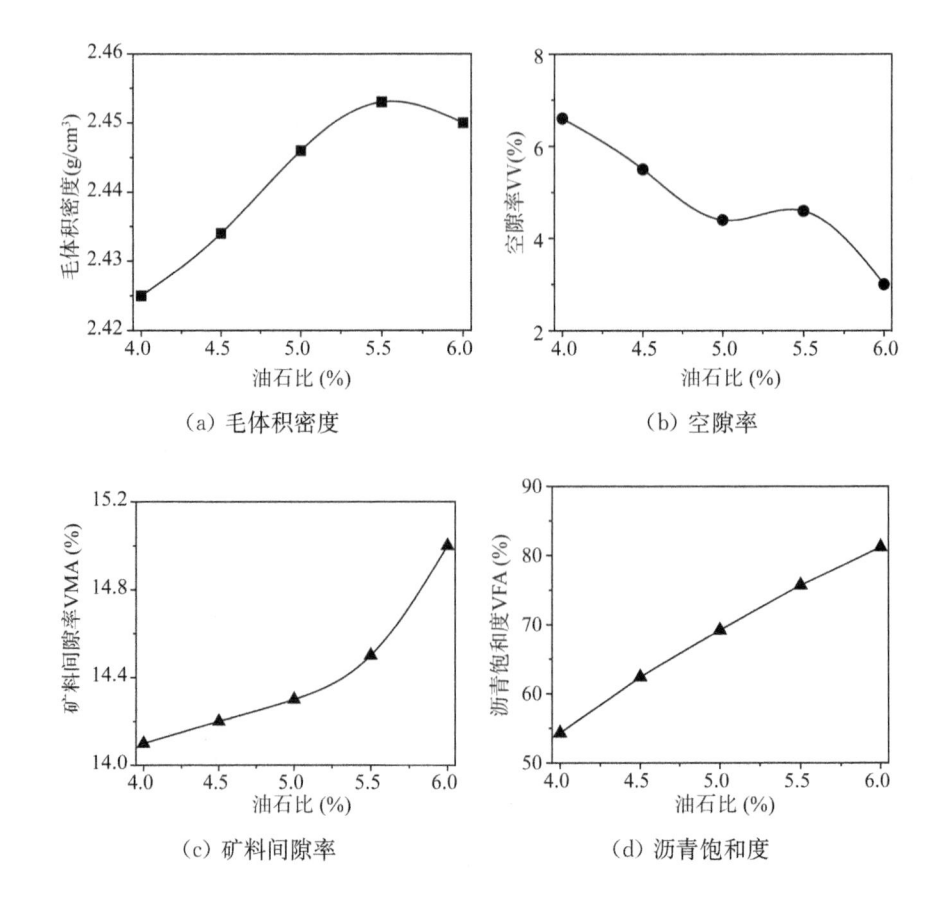

(a) 毛体积密度

(b) 空隙率

(c) 矿料间隙率

(d) 沥青饱和度

(e) 稳定度　　　　　　　　　　(f) 流值

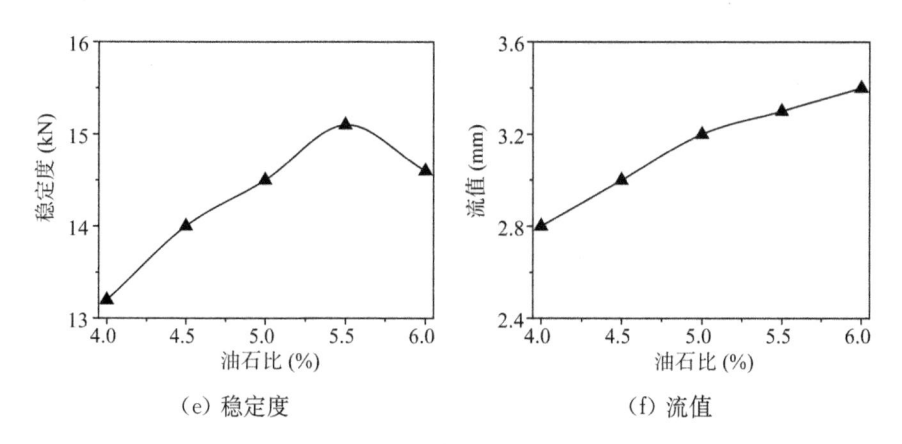

图 5.2　沥青混合料马歇尔指标

混合料的最佳油石比 OAC 是由 $OAC_1$ 和 $OAC_2$ 两个值的平均值确定。根据图 5.2 的结果,首先确定 $OAC_1$ 值。$OAC_1 = (a_1 + a_2 + a_3 + a_4)/4$,其中 $a_1$ 是毛体积相对密度最大值时的油石比,为 5.5%;$a_2$ 是稳定度最大值时的油石比,为 5.5%;$a_3$ 是《公路沥青路面施工技术规范》(JTG F40—2004)规范中对空隙率要求区间的中值(空隙率区间为 4%~6%)对应的油石比,为 4.70%;$a_4$ 是《公路沥青路面施工技术规范》(JTG F40—2004)规范中对 VFA 要求区间的中值(VFA 区间为 65%~75%)对应的油石比,为 5.10%;因此计算得到 $OAC_1 = 5.2\%$。

$OAC_2$ 值是由除 VMA 外的各项指标均符合规范《公路沥青路面施工技术规范》(JTG F40—2004)中的技术标准的油石比范围用量 $OAC_{min}$ 与 $OAC_{max}$ 的中值确定。从图 5.2 可知,$OAC_{min} = 4.73\%$,$OAC_{max} = 5.25\%$,则 $OAC_2 = (OAC_{min} + OAC_{max})/2 = 4.99\%$。最终确定最佳油石比 $OAC = (OAC_1 + OAC_2)/2 = 5.1\%$。

因此,可确定橡胶/SBS 复合改性沥青混合料的最佳油石比为 5.1%。

在橡胶/SBS 复合改性沥青混合料配合比设计的基础上,对其高温性能、低温性能、水稳定性能进行研究,并与 70# 基质沥青混合料和 SBS 改性沥青混合料进行对比。

### 5.3.2　高温稳定性

本书对三种沥青混合料进行车辙试验得到的动稳定度结果,如图 5.3 所

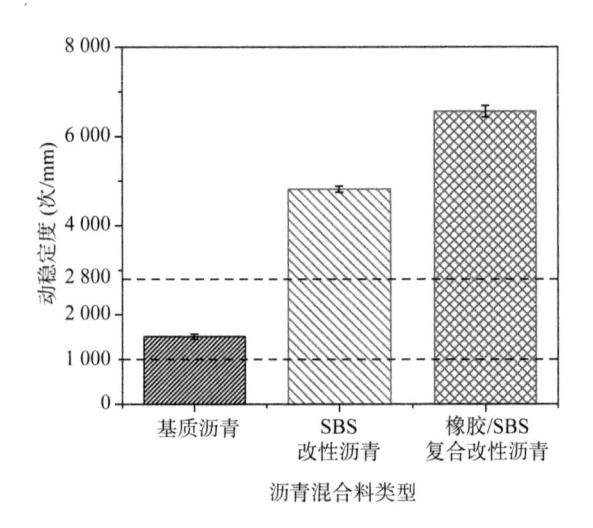

图 5.3　沥青混合料动稳定度

示。由图 5.3 可知,沥青改性后,其混合料的动稳定度呈现明显提升,其中 70# 基质沥青混合料的动稳定度最低,橡胶/SBS 沥青混合料的动稳定度最高。与 70# 基质沥青混合料相比,SBS 改性沥青混合料的动稳定度是其 3.18 倍,而橡胶/SBS 复合改性沥青混合料的动稳定度是其 4.34 倍。表明对沥青改性后,其动稳定度有着明显的提升,且改性沥青混合料均满足我国规范中对于夏炎热区车辙动稳定度要求高于 2 800 次/mm 的规定。

由此可知,橡胶/SBS 的复合改性对混合料的高温抗永久变形能力有着明显的提升。这得益于橡胶/SBS 复合改性沥青具有较高的黏结性和较低的温度敏感性,既增强了悬浮密实结构的高温性能,又提高了弹性恢复能力,使得累积变形大大减小。综上所述,复合改性沥青混合料具有优异的抗车辙能力,可以有效抵抗高温以及重载车辆往复作用下的塑性流动变形。

### 5.3.3　低温抗裂性

本次研究中,−10℃下 70# 基质沥青、SBS 改性沥青和橡胶/SBS 复合改性沥青对应的混合料的抗弯拉强度、最大弯拉应变和劲度模量的变化曲线,如图 5.4 所示。

根据图 5.4(a)的数据可知,70# 基质沥青混合料的抗弯拉强度最小,橡胶/SBS复合改性沥青混合料的抗弯拉强度最大,而SBS改性沥青混合料的抗弯拉强度居于其中。具体而言,SBS改性沥青混合料的抗弯拉强度是70#基质沥青混合料的1.26倍,橡胶/SBS复合改性沥青混合料的抗弯拉强度是70#基质沥青混合料的1.28倍。抗弯拉强度表征混合料抵抗拉应力作用的能力,抗弯拉强度越高,材料抵抗破坏的能力越强,低温时抵抗收缩应力的能力就越强,路面低温抗裂性越好。

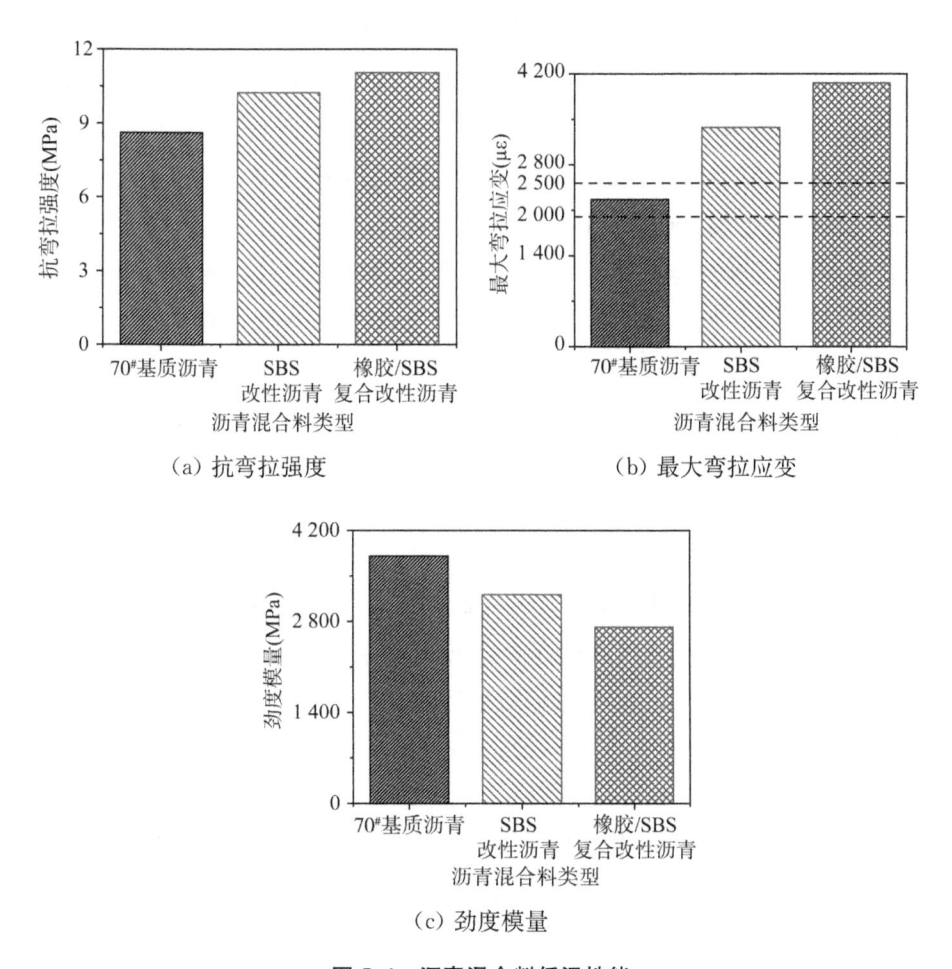

(a) 抗弯拉强度

(b) 最大弯拉应变

(c) 劲度模量

**图 5.4　沥青混合料低温性能**

最大弯拉应变最能反映混合料的低温性能,由图5.4(b)可知,橡胶/SBS复合改性沥青混合料的最大弯拉应变都大于相应SBS改性沥青及70#基质沥青,这是由于三种沥青的破坏过程存在差别。胶粉改性沥青混合料的裂缝发展会先从细纹剪切带开始逐步扩展,这个过程会消耗外界能量,使其能承受更大的变形,低温性能由此提升。胶粉和SBS复合改性后,结合料内部网状结构更加致密,内聚力提升,故混合料低温性能更好。从最大弯拉应变的角度分析,橡胶/SBS复合改性沥青混合料和SBS改性沥青混合料均满足江西地区气候分区最大弯拉应变不小于2 500 $\mu\varepsilon$(冬冷、冬温区)的规定,基质沥青混合料也满足最大弯拉应变不小于2 000 $\mu\varepsilon$(冬冷、冬温区)的规定。

劲度模量S是综合评价沥青混合料低温抗裂性能的指标,由图5.4(c)可知,三种沥青混合料的劲度模量有着明显的区别。橡胶/SBS复合改性沥青混合料比SBS改性沥青混合料降低了18.5%,比基质沥青混合料降低了40.4%。劲度模量是指沥青材料在受力作用下的刚度和弹性恢复能力,用来反映材料的刚性和变形能力。劲度模量越低,意味着沥青材料在低温下的刚性较差,即其低温性能较好。因此可知,橡胶/SBS复合改性沥青混合料的低温性能最好,SBS改性沥青混合料的低温性能次之,而基质沥青混合料的低温性能最差。在低温条件下,沥青会遭受较大的冷却收缩、冻融循环等外界影响,容易发生开裂和龟裂。而劲度模量较低的沥青材料更具有良好的柔性和弹性恢复能力,能够更好地抵抗冷却收缩和冻融循环引起的应力集中和裂纹形成,从而减少低温下的裂缝和龟裂的发生。因此,橡胶/SBS复合改性沥青混合料更适宜于低温环境的要求。

橡胶/SBS复合改性沥青结合了SBS形成的三维网络结构和胶粉提供的应力吸收和缓冲作用,使得改性沥青在低温环境中能够存储更多的应变能,从而在宏观层面表现出较好的低温抗裂性能。

## 5.3.4 水稳定性

图5.5为沥青混合料浸水稳定度试验结果,从图5.5(a)可知,橡胶/SBS复合改性沥青混合料的稳定度最高,而基质沥青混合料的稳定度最低,SBS改性沥青混合料的稳定度居中。由此可知,当对沥青进行改性后,其稳定度提升明显,且橡胶/SBS复合改性明显提高了沥青混合料稳定度。具体而言,橡胶/SBS复合改性沥青混合料的稳定度较基质沥青混合料提升了35%,较SBS改性沥青混合料的稳定度提升了15.9%。

从图5.5(b)可知,浸水48 h后三种沥青混合料的稳定度出现不同程度的降低,但橡胶/SBS复合改性沥青混合料的稳定度仍然最高,其高于SBS改性沥青混合料的稳定度54.7%,高于基质沥青混合料的稳定度19.1%。可见浸水48 h后,改性沥青混合料稳定度的提升幅度高于浸水30 min。特别是橡胶/SBS复合改性沥青混合料,其与基质沥青混合料相比,在浸水30 min时,提升幅度为35%,在浸水48 h时,提升幅度为54.7%,表明对沥青复合改性,其沥青混合料的强度在有水环境下提升更为明显。其原因是橡胶/SBS复合改良沥青具有较高的黏度和抗剥落能力,能够与矿料形成较强的黏结力和强度,从而表现出优异的抗水损坏能力。

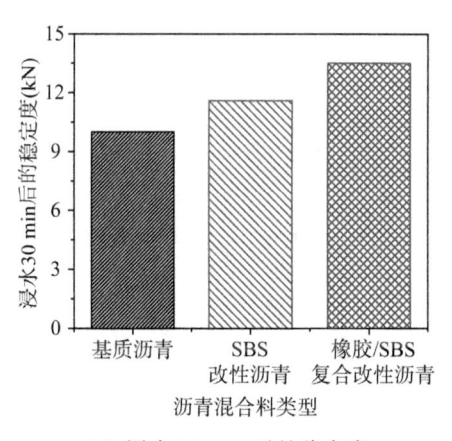

(a) 浸水 30 min 后的稳定度

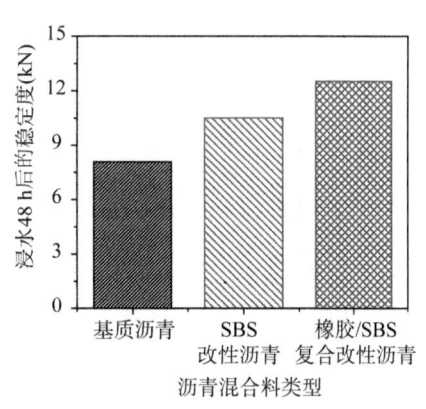

(b) 浸水 48 h 后的稳定度

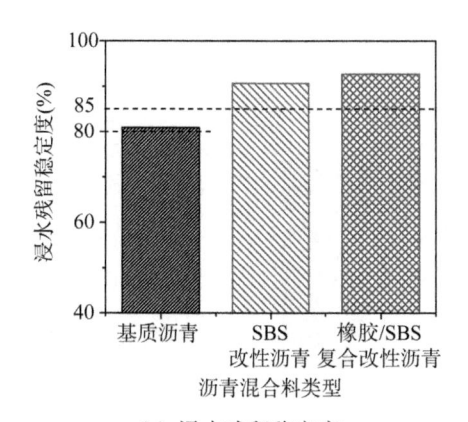

(c) 浸水残留稳定度

**图 5.5　沥青混合料浸水稳定度试验结果**

图 5.5(c)为三种沥青混合料的浸水残留稳定度结果,可知橡胶/SBS复

合改性沥青混合料的浸水残留稳定度最高,基质沥青混合料的浸水残留稳定度最低,这也表明橡胶/SBS复合改性沥青混合料抵抗水损害能力更强。按照《公路沥青路面施工技术规范》(JTG F40—2004)的要求,普通沥青混合料的浸水残留稳定度应高于80%,而改性沥青混合料的浸水残留稳定度应高于85%,可知三种沥青混合料均满足要求,但基质沥青混合料的浸水残留稳定度刚超过80%,仍然存在较大的水稳定性不足风险。而改性沥青混合料的浸水残留稳定度明显超过要求,具有良好的抗水损害能力。

本次三种沥青混合料的未冻融试件的劈裂强度、冻融试件的劈裂强度、劈裂强度比的结果如图5.6所示。

(a) 未冻融劈裂抗拉强度

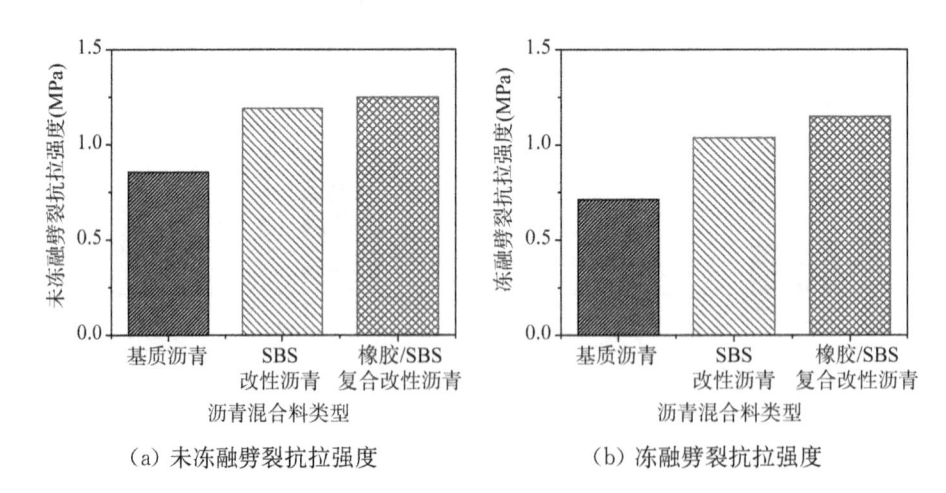

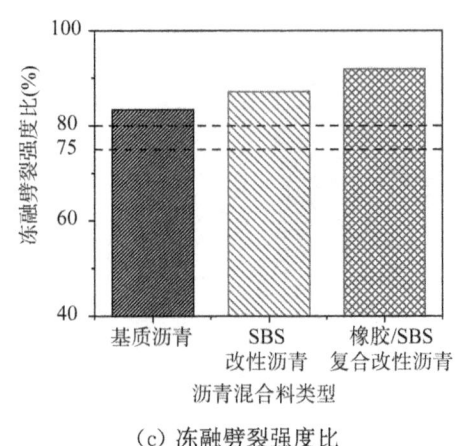

(b) 冻融劈裂抗拉强度

(c) 冻融劈裂强度比

图5.6　沥青混合料冻融劈裂试验结果

图 5.6 为沥青混合料的冻融劈裂试验结果,从图 5.6(a)可知,在未冻融状态下,橡胶/SBS 复合改性沥青混合料的劈裂抗拉强度最高,而基质沥青混合料的劈裂抗拉强度最低,SBS 改性沥青混合料的劈裂抗拉强度居中。由此可知,当对沥青进行改性后,其劈裂抗拉强度提升明显,且橡胶/SBS 复合改性明显提高了沥青混合料劈裂抗拉强度。具体而言,橡胶/SBS 复合改性沥青混合料的劈裂抗拉强度较基质沥青混合料提升了 45.9%,较 SBS 改性沥青混合料的稳定度提升了 4.89%。

从图 5.6(b)可知,冻融后三种沥青混合料的劈裂抗拉强度具有不同程度的降低,但仍然表现出橡胶/SBS 复合改性沥青混合料的劈裂抗拉强度最高,其高于 SBS 改性沥青混合料的劈裂抗拉强度 10.7%,高于基质沥青混合料的劈裂抗拉强度 61.3%。这表明在冻融环境下,复合改性沥青混合料的抗拉强度较基质沥青提升明显。其原因是橡胶/SBS 复合改性沥青能够与矿料形成较强的黏结力和强度,能够抵抗住冻融过程中的冻胀力。

图 5.6(c)为三种沥青混合料的冻融劈裂强度比结果,发现橡胶/SBS 复合改性沥青混合料的冻融劈裂强度比最高,基质沥青混合料的冻融劈裂强度比最低,这也表明橡胶/SBS 复合改性沥青混合料抵抗水损害能力更强。按照《公路沥青路面施工技术规范》(JTG F40—2004)的要求,普通沥青混合料的冻融劈裂强度比应高于 75%,而改性沥青混合料的冻融劈裂强度比应高于 80%,可知三种沥青混合料均满足要求,但橡胶/SBS 复合改性沥青混合料的冻融劈裂强度比明显超过要求,表明其更能适应低温水环境。

### 5.3.5 疲劳性能

本次研究选择了三点弯曲试验对三种沥青混合料进行疲劳性能测试,应力比选取为破坏荷载的 0.3、0.4 和 0.5,试验温度 15℃,加载频率为 10 Hz。三种应力比的结果如图 5.7 所示。

根据图 5.7 的数据分析发现,三种不同沥青混合料的疲劳寿命(循环次数) $N_f$ 随着应力比的增大而减小。这意味着随着荷载的增加,材料所能承受的循环次数相应减少,表明沥青混合料在重交通荷载条件下更容易发生疲劳破坏。这种现象可以解释为,当荷载增加时,材料内部会出现更多的应力集中点和裂纹,从而加速了第二阶段微裂纹的发展到较大裂纹的时间。这会导致沥青混合料寿命的减少，因为较大裂纹的形成会导致材料的结构强度明显下降。

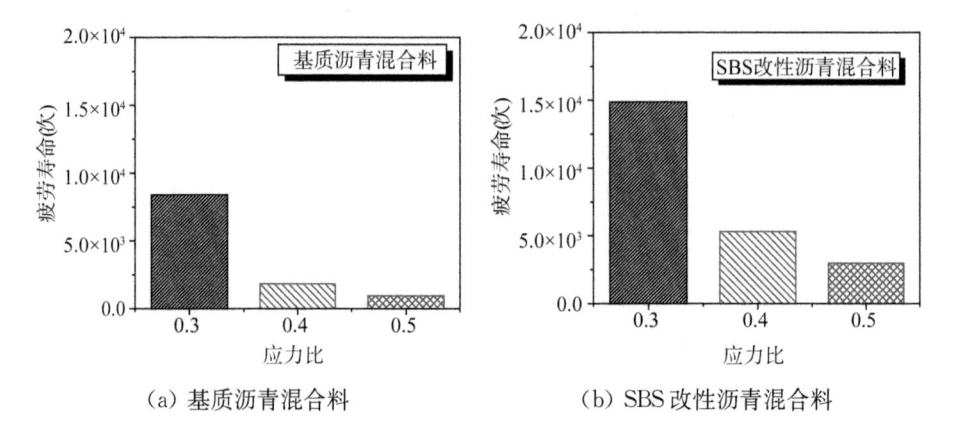

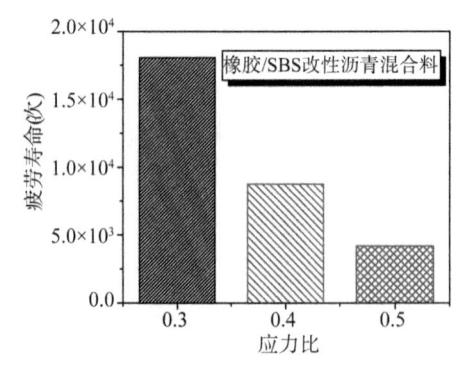

(a) 基质沥青混合料

(b) SBS 改性沥青混合料

(c) 橡胶/SBS 复合改性沥青混合料

**图 5.7　沥青混合料疲劳寿命结果**

从图 5.8 可以更为明显地看出，随着应力比的增加，三种沥青混合料的疲劳寿命呈现降低趋势，且橡胶/SBS 复合改性沥青混合料的疲劳寿命次数最多。橡胶/SBS AC-13 混合料在这三种混合料中的疲劳性能表现最好，表明橡胶粉与 SBS 的协同作用提升了沥青的中温抗变形能力，使其在同一应力水平下，具有更多的疲劳次数，也使得在重复荷载作用下能够承受更高的应力水平。

根据相关研究，当试件在不同应力比下进行加载时，疲劳寿命呈现出正态分布的规律。此外，疲劳寿命与应力比之间存在一种单对数曲线线性相关性，即它们之间满足式(5.7)中的关系。

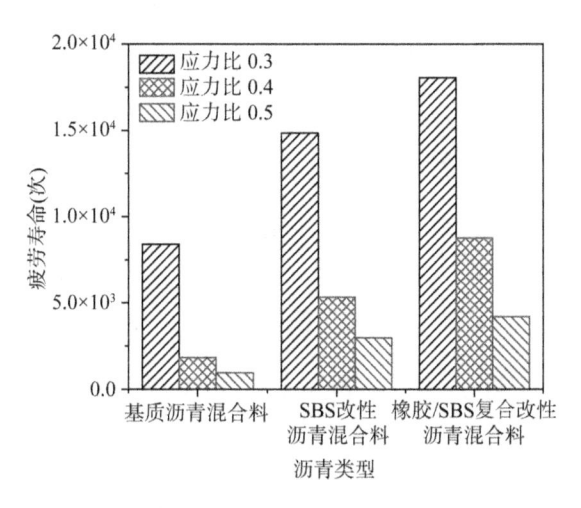

图 5.8　不同应力水平下疲劳寿命结果

$$N_f = k\left(\frac{1}{\sigma^0}\right)^n \tag{5.7}$$

其中：$N_f$——沥青混合料疲劳寿命（次）；

$\sigma^0$——初始弯拉应力（MPa）；

$k$、$n$——模型参数。

对于疲劳寿命和应力水平之间的关系，可以在双对数坐标上表示为线性关系。具体来说，可以用双对数疲劳方程来描述，该方程表示为：

$$\lg(N_f) = \lg k - n\lg(\sigma_0) \tag{5.8}$$

根据式(5.8)，对不同应力水平的疲劳寿命进行回归分析，得到回归方程的 $k$ 值和 $n$ 值。其中，$k$ 值表示回归方程的截距，其反映了试件的疲劳性能。当 $k$ 值越大时，试件的疲劳性能越好；反之，$k$ 值越小则试件的疲劳性能越差。

另外，$n$ 值表示回归方程的斜率，它表示了试件疲劳寿命随应力增大的衰减速度。当 $n$ 值越小时，试件的疲劳寿命对应力的敏感度越低，即试件对疲劳作用越不敏感；反之，当 $n$ 值越大时，试件的疲劳寿命对应力的敏感度越高。因此，根据式(5.8)的回归分析结果可以得出试件的疲劳性能和对应力的敏感度情况。其结果如图 5.9 和表 5.5 所示。

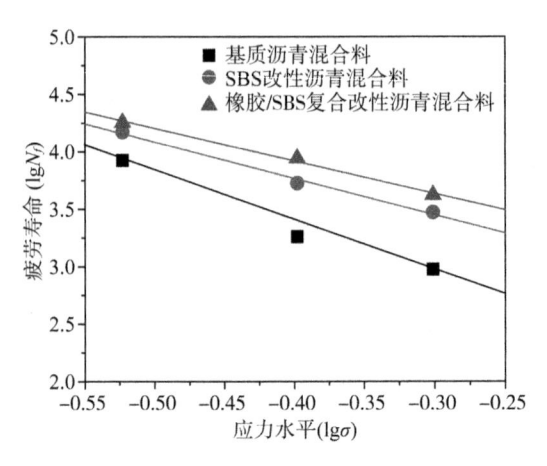

图 5.9　疲劳寿命回归方程

表 5.5　疲劳寿命回归方程

| 类型 | 公式 | $k$ | $n$ | $R^2$ |
|---|---|---|---|---|
| 基质沥青混合料 | $\lg(N_f) = 1.628 - 4.319\lg(\sigma)$ | 42.46 | 4.319 | 0.976 |
| SBS 改性沥青混合料 | $\lg(N_f) = 2.498 - 3.172\lg(\sigma)$ | 314.77 | 3.172 | 0.993 |
| 橡胶/SBS 复合改性沥青混合料 | $\lg(N_f) = 2.782 - 2.845\lg(\sigma)$ | 605.34 | 2.845 | 0.994 |

根据图 5.9 展示的结果，经过线性拟合后发现，三种改性沥青混合料的疲劳寿命与控制应力在双对数坐标下呈现线性关系。而疲劳预估方程的拟合系数 $R^2$ 趋近于 1，这表明疲劳寿命回归方程具有较好的相关性。随着应力水平的增大，三种改性沥青混合料的疲劳寿命都呈现出不同程度的降低。这是因为随着应力水平的提高，沥青混合料的变形幅度增加，当变形达到一定程度时，试件内部会产生微小裂纹并迅速扩展，从而导致试件的劲度模量下降，试件所能承受的荷载作用次数也相应减少，这就表现为疲劳性能下降。

在拟合曲线上，截距 $k$ 值的大小反映了试件的疲劳寿命，$k$ 值越大表示疲劳寿命越长。$n$ 值则反映了试件对疲劳加载的敏感程度，$n$ 值越大表示敏感度越高，试件的疲劳寿命在应力增加时下降得更快。从图 5.10 可知，橡胶/SBS 复合改性沥青混合料的 $k$ 值要高于 SBS 改性沥青混合料和基质沥青混合料。这表明橡胶/SBS 复合改性沥青混合料的疲劳寿命在应力水平增加时下降得相对较慢，具有更好的抗疲劳性能。这是因为沥青混合料的疲劳破坏源于强度下降和裂缝扩展,橡胶/SBS复合改性沥青混合料小梁试件在受到应力作用时,胶粉起到了良好的缓冲作用,极大地提高了小梁试件的整体性能,使得强度和模量增加,能够承受更大的弯拉应力,疲劳寿命随着应力水平增加而下降的速率更为缓慢,试件内部不会过早产生剪切滑移,可以承受更多的荷载作用次数。基质沥青混合料的 $k$ 值相对较小,可能是基质沥青与石料黏结较弱,在应力水平的持续作用下,裂缝很容易从试件内部的空隙处扩展,导致疲劳性能下降。

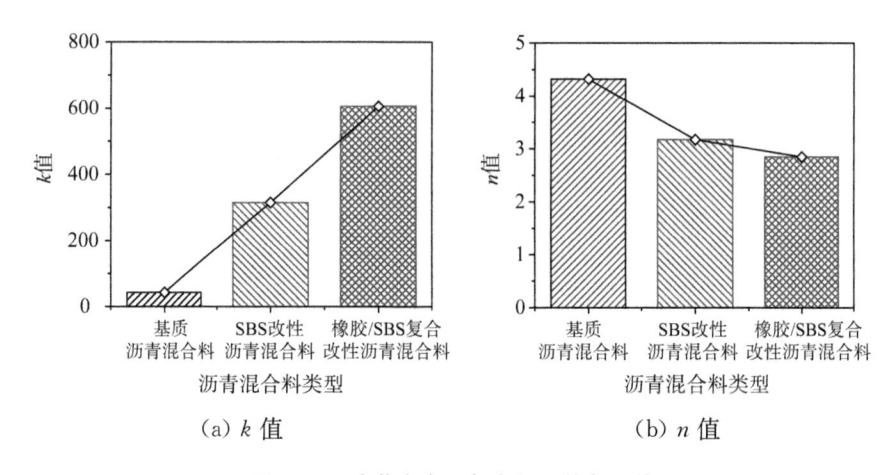

图 5.10 疲劳寿命回归方程 $k$ 值与 $n$ 值

从图 5.10(b)可知,橡胶/SBS复合改性沥青混合料的 $n$ 值最小时,说明其疲劳寿命随着应力水平的增加衰减速率比基质沥青混合料和 SBS 改性沥青混合料要慢。这可能是因为在橡胶/SBS复合改性沥青混合料试件中,胶粉、SBS 以及多种助剂共同作用,形成了稳定的网状结构,与矿料结合后,在试件内部的矿料之间形成了良好的黏结性。在应力作用下,橡胶/SBS复合改性沥青混合料展现出良好的抗阻裂和吸能性能,有效抑制了内部细纹的进一步扩大,使得橡胶/SBS复合改性沥青混合料能够承受更长时间的极限荷载作用。

## 5.4 AC-20混合料设计及性能研究

### 5.4.1 AC-20混合料级配及油石比确定

按照《公路沥青路面施工技术规范》(JTG F40—2004)以及实际项目技术指标关于AC-20型沥青混合料矿料级配范围的要求,确定级配曲线,如图5.11所示。

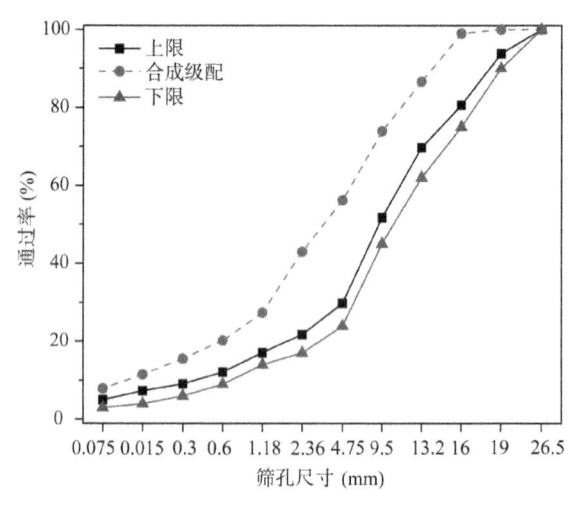

图5.11 AC-20级配

在确定混合料级配后,对AC-20混合料进行配合比设计时,需要确定拌和温度与压实温度。本次研究时通过规范给出的施工温度参考值区间,混合料成型时确定的矿料加热温度范围在190~200℃,混合料拌和温度在180℃,试件成型击实温度在170~180℃。采用双面击实75次成型马歇尔试件,对橡胶/SBS复合改性沥青混合料的体积参数进行测定,并进行马歇尔试验,测得稳定度和流值。将不同油石比下各个参数的变化规律进行绘制,以确定最佳油石比。按照以上油石比方法,可确定本次AC-20混合料的最佳油石比为4.8%。

### 5.4.2 AC-20混合料路用性能

根据确定的级配和油石比,对AC-20混合料的高温性能、低温性能、水稳定性能进行研究。为了方便对比,同时采用基质沥青、SBS改性沥青制备的混合料作为性能对比。研究人员分别开展了沥青混合料的动稳定度、最大弯拉应变、浸水残留稳定度和冻融劈裂强度测试。

1. 动稳定度

采用车辙试验对动稳定度评价,制备 300 mm×300 mm×50 mm 的车辙板试件,将试件置于 60℃条件下保温不少于 5 h,硬橡胶轮在试件上反复碾压 1 h,运行速率为 42 次/min,得到沥青混合料的动稳定度,结果如图 5.12 所示;进一步以 70# 基质沥青混合料为基准,分析 SBS 改性沥青混合料和橡胶/SBS 复合改性沥青混合料的动稳定度的改变幅度,其结果如图 5.13 所示。

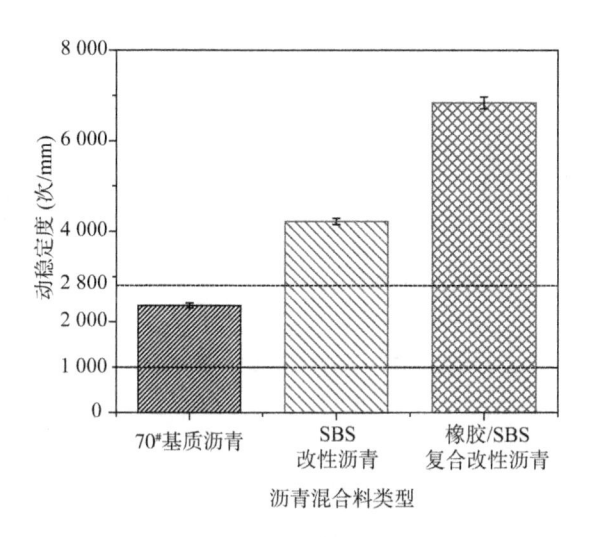

图 5.12 沥青混合料的动稳定度

随着公路交通量的增加、汽车轴载的加大及渠化交通的形成,公路沥青路面的车辙问题也越来越突出。面层尤其是中面层沥青混合料的剪切流动是导致永久变形的主要原因,在温度和环境荷载作用下,中面层混合料具有最大的剪应力,相关研究和车辙病害调查也表明中面层的车辙变形占路面总车辙变形的比率最大,降低中面层混合料的车辙深度对提高路面抗车辙能力有着至关重要的作用。AC-20 混合料通常被用作中面层的沥青混合料,因此 AC-20 混合料的抗车辙能力非常关键。

由图 5.13 可知,沥青改性后,其 AC-20 混合料的动稳定度明显提升,其中基质沥青混合料的动稳定度最低,橡胶/SBS 沥青混合料的动稳定度最高。与基质沥青混合料相比,SBS 改性沥青混合料的动稳定度提升了 84.8%,而橡胶/SBS 复合改性沥青混合料的动稳定度提升了 190.2%。表明沥青改性后,其动稳定度有着明显的提升,且改性沥青混合料均满足我国规范中对于夏炎热区车辙动稳定度要求高于 2 800 次/mm 的规定。

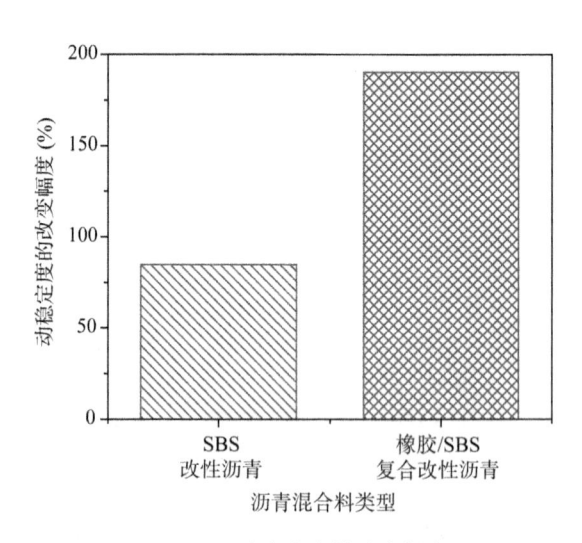

图 5.13 动稳定度的改变幅度

2. 最大弯拉应变

《公路沥青路面设计规范》(JTG D50—2017)推荐使用小梁低温弯曲试验作为沥青混合料低温性能的评价方法,本次采用该方法评价沥青混合料的最大弯拉应变。其结果如图 5.14 所示。进一步以基质沥青混合料为基准,分析 SBS 改性沥青混合料和橡胶/SBS 复合改性沥青混合料的改变幅度,其结果如图 5.15 所示。

从图 5.14 可知,橡胶/SBS 改性的 AC-20 沥青混合料的最大弯拉应变大于相应 SBS 改性沥青及基质沥青。且基质沥青制备的 AC-20 混合料,刚刚满足不小于 2 000με(冬冷、冬温区)的规定,表明基质沥青混合料的抗低温性能不足。而采用橡胶/SBS 改性后,其低温性能提升明显。

从图 5.15 可知,与基质沥青混合料相比,SBS 改性沥青混合料的最大弯拉应变提升了 95.6%,而橡胶/SBS 复合改性沥青混合料的最大弯拉应变提

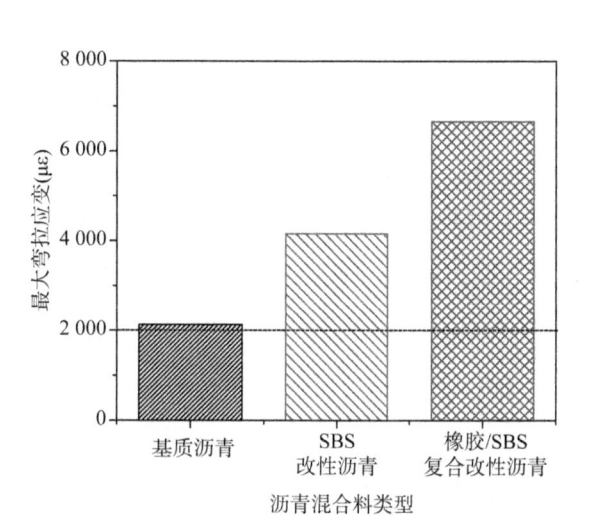

图 5.14 沥青混合料最大弯拉应变

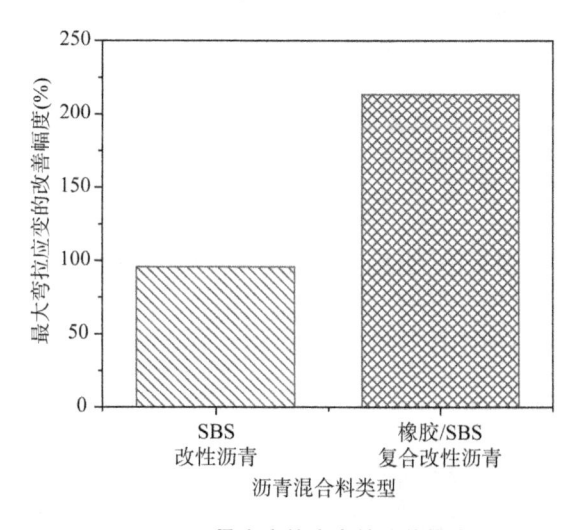

图 5.15 最大弯拉应变的改善幅度

升了 213.46%。通常,沥青混合料的极限应变越大,低温柔韧性越好,抗裂性越好。因此,通过研究可以发现,采用 SBS 改性沥青和橡胶/SBS 复合改性沥青,会显著提升混合料低温性能。

3. 浸水马歇尔残留稳定度和冻融劈裂强度比

江西属亚热带湿润季风气候,年降水量在 1 269.5~2 172.5 mm 之间,雨量丰沛,如何保证路面的水稳定性已是混合料设计的难点之一。沥青路面水损害是水在外力作用下渗入沥青与矿料的界面或沥青内部,使沥青与矿料之间的黏附性降低并逐渐丧失黏结能力,从而使沥青膜逐渐从矿料表面剥离致使沥青混合料松散掉粒,进而使沥青路面发生整体性破坏的现象。对于南方多雨地区,路面耐久性很大程度上受水稳定性控制,水稳定性好的路面使用寿命较长。采用马歇尔试件开展残留稳定度试验和冻融劈裂试验评价混合料水稳定性,其结果如图 5.16 和图 5.17 所示。

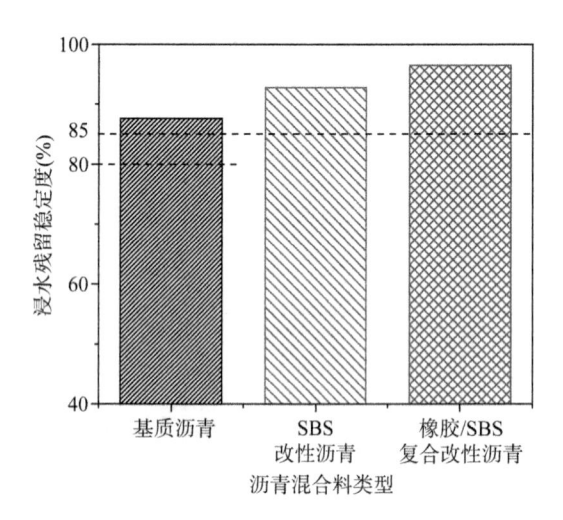

图 5.16 沥青混合料浸水马歇尔残留稳定度

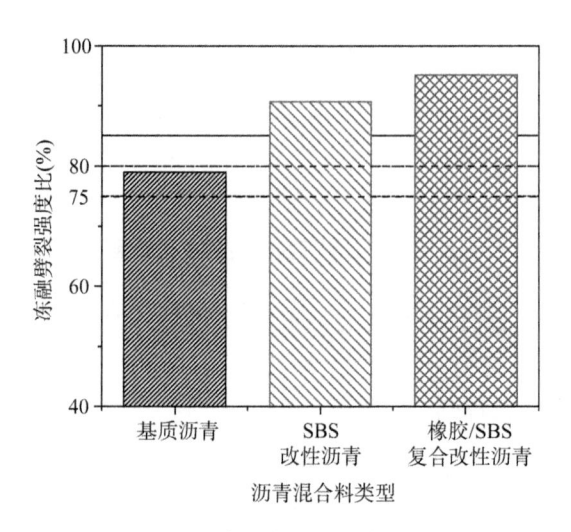

图 5.17 沥青混合料冻融劈裂强度比

图 5.16 为三种 AC-20 沥青混合料的浸水残留稳定度结果,可知橡胶/SBS 复合改性沥青混合料的浸水残留稳定度最高,基质沥青混合料的浸水残留稳定度最低。图 5.17 为三种 AC-20 沥青混合料的冻融劈裂强度比结果,发现橡胶/SBS 复合改性沥青混合料的冻融劈裂强度比最高,基质沥青混合料的冻融劈裂强度比最低,尽管三种沥青混合料均满足浸水残留稳定度的要求,但橡胶/SBS 复合改性沥青混合料抵抗水损害能力更强,更能适应多雨地区环境。

## 5.5 本章小结

本章主要对基质沥青、SBS 改性沥青和橡胶/SBS 复合改性沥青三种沥青混合料进行了级配设计,并对三种改性沥青混合料进行了路用性能对比研究,主要得出以下结论:

(1) 考虑江西地区气候特点,提出了橡胶/SBS 复合改性沥青混合料的级配及最佳油石比设计方法。

(2) 通过车辙试验对 AC-13 沥青混合料和 AC-20 沥青混合料进行了高温性能对比评价,结果显示橡胶/SBS 改性后的混合料具有最好的高温稳定性能、更强的低温抗裂性能和良好的抗水损害稳定性。

(3) 对 AC-13 沥青混合料进行了弯曲疲劳试验,并使用双对数疲劳寿命拟合评估其疲劳性能,发现橡胶/SBS 复合改性沥青混合料的抗疲劳性能最好,而基质沥青混合料的性能最差。

(4) 对比基质沥青、SBS 改性沥青和橡胶/SBS 复合改性沥青三种沥青混合料,橡胶/SBS 均具有最佳的性能,随之是 SBS,而后是基质沥青。表明对沥青进行橡胶/SBS 复合改性后,会显著提升混合料的路用性能。

# 第6章

温拌橡胶/SBS 复合改性沥青及混合料性能研究

# 第6章 温拌橡胶/SBS复合改性沥青及混合料性能研究

温拌橡胶沥青技术可以有效降低橡胶粉改性沥青的黏度,并在生产和拌和过程中降低温度,起到"节能、减排"的作用。本部分开展橡胶粉/SBS/温拌剂复合改性沥青的制备及性能研究,有助于促进废弃物的循环再利用,实现节能减排的目标。

## 6.1 温拌橡胶沥青研究现状

温拌沥青技术是一种介于冷拌(10~40℃)与热拌(150~180℃)之间的沥青拌和技术,起源于欧洲。这种技术的概念最早是由 Shell 公司和 Koloveidekke 公司在 2000 年的 Eurobitume/Euroasphalt 会议上首次提出的。之前的研究人员也进行了一些测试和验证,证明了温拌沥青混合料在性能上可以达到热拌沥青混合料的水平,但成本略有增加。随着全球环保意识的提高,温拌沥青技术在世界范围内得到了广泛应用。

橡胶沥青混合料具有许多优点,但也存在一些缺点。其中最显著的是橡胶沥青的拌和和压实温度远高于普通沥青混合料(约高 30℃),这对施工时温度要求非常高,这一要求增加了对施工设备的要求,否则会影响施工质量。另外,高温制备也加速了沥青及其结合料的老化,使得沥青变脆、变硬,降低了原有的技术性能,导致路面使用寿命缩短。此外,高温制备还会增加有毒气体的排放。利用温拌技术的基本原理,通过在橡胶沥青中添加温拌剂,可以适当降低混合料的拌和与压实温度,扩大橡胶沥青混合料的应用范围,由此它是解决上述问题的一条有效途径。

目前,国内外一些研究者率先针对橡胶沥青的温拌效果以及路用性能开展了试验研究。Rodriguez Aloza 等人开展了多种温拌剂对橡胶沥青的影响研究,认为温拌剂可以有效降低橡胶沥青的施工温度;Oliveira 等人研究发现少量的温拌剂能使橡胶沥青施工温度降低 30℃。国内也开展了较多温拌橡胶沥青的研究,并在 2009 年长安街改造工程中采用了橡胶粉与温拌剂的温拌沥青混合料;国内研究人员发现 Sasobit 温拌剂能改善橡胶沥青施工和易性,降低橡胶沥青混合料在施工中的拌和温度,并且在路面最高工作温度下其对沥青黏度有加强作用,可以提高沥青抗永久变形能力;同时有关机构研究了温拌剂对橡胶沥青混合料温拌条件下的低温弯曲蠕变性能影响,发现温拌剂对橡胶沥青施工温度有显著降低作用,但同时对其低温性能产生负面影响,温拌剂加入后橡胶沥青中饱和分、胶质含量增加而沥青质减少,其减幅与温拌剂掺量无明显关系,在高温条件下,其沥青组分中对黏度产生影响的主要为沥青质和饱和分,随着温度升高降黏效果越明显。

目前国内外温拌技术的研究重点在温拌橡胶沥青混合料部分,对探索温拌橡胶 SBS/复合改性沥青的较少,有待进一步深入研究。将这两种技术协调结合起来,不仅能提高沥青路面质量,而且能够实现道路施工过程中的节能减排,对我国温拌技术和橡胶沥青应用有重要现实意义。

## 6.2 温拌剂材料及微观特征

本次采用的温拌剂为有机降黏型,其技术指标如表 6.1 所示。

表 6.1 温拌剂技术指标

| 指标 | 水溶性 | 主要成分 | 熔点 | 闪点 | 黏度 | 密度 |
|---|---|---|---|---|---|---|
| 单位 | — | — | ℃ | ℃ | 135℃,$10^{-3}$Pa·s | 20℃,g/cm$^3$ |
| 结果 | 不溶 | 固体蜡 | 100 | 295 | 13 | 0.9 |

采用红外光谱进一步对温拌剂的化学组分进行了分析,其结构如图 6.1 所示。

从图 6.1 可知,本次采用的温拌剂在 715 cm$^{-1}$ 出现的吸收峰,则为烯烃

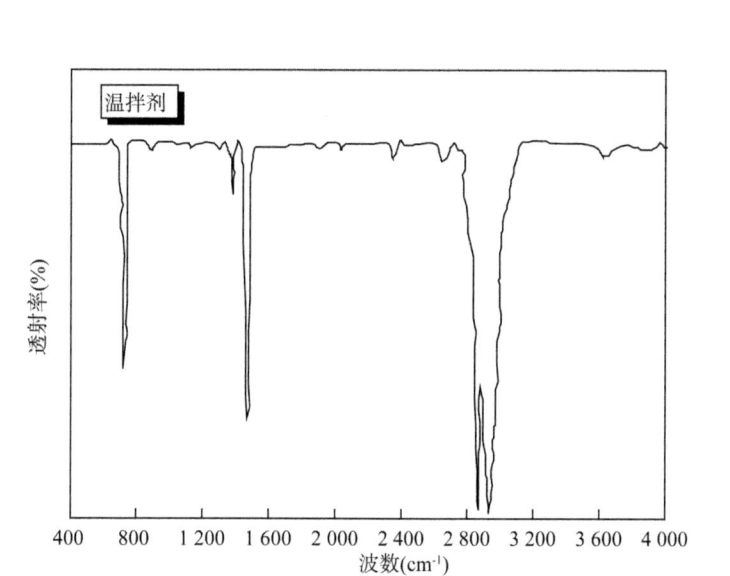

图 6.1 温拌剂红外光谱

(顺式)CH 面外弯曲吸收峰；在 889 cm$^{-1}$ 附近出现的较弱特征峰，可能为烯烃 CH$_2$ 面外摇摆振动吸收峰；在 1 371 cm$^{-1}$ 附近出现 CH$_3$ 对称变角(剪式)振动吸收峰；在 1 460 cm$^{-1}$ 附近出现的峰为烷烃 CH$_2$ 变角振动或 CH$_3$ 不对称变角振动特征吸收峰；在 2 848 cm$^{-1}$ 附近出现的峰为烷烃 CH$_2$ 对称伸缩振动吸收峰；在 2 920 cm$^{-1}$ 附近出现的峰为烷烃 CH$_2$ 反对称伸缩振动吸收峰。根据沥青的红外光谱结构可知，基质沥青光谱在 2 852 cm$^{-1}$ 为—CH$_2$—的对称伸缩振动，在 1 460 cm$^{-1}$ 为—CH$_2$—、—CH3 的弯曲振动，在 2 924 cm$^{-1}$ 位置出现了芳烃的特征吸收峰。温拌剂的红外光谱与基质沥青较为相似，表明了该温拌剂与沥青有一定的相容性。

## 6.3 温拌橡胶/SBS 复合改性沥青制备及性能

在橡胶/SBS 复合改性沥青制备的基础上，将制备好的橡胶/SBS 复合改性沥青加热至 180℃。然后根据称取所需量的温拌剂加入沥青中。接下来以 5 000 rad/min 的速率持续搅拌 30 min，使橡胶粉、SBS、温拌剂和沥青充分混合，得到橡胶粉/SBS/温拌复合改性沥青，将其记为橡胶/SBS/W 复合改性沥青。采用常规物理指标、黏度、DSR 和 BBR 试验对沥青性能进行研究。

### 6.3.1 常规性能研究

分别向橡胶/SBS复合改性沥青混合料中加入1%、3%、5%的温拌剂,开展25℃针入度、软化点、5℃延度及黏度试验。其结果如图6.2所示。

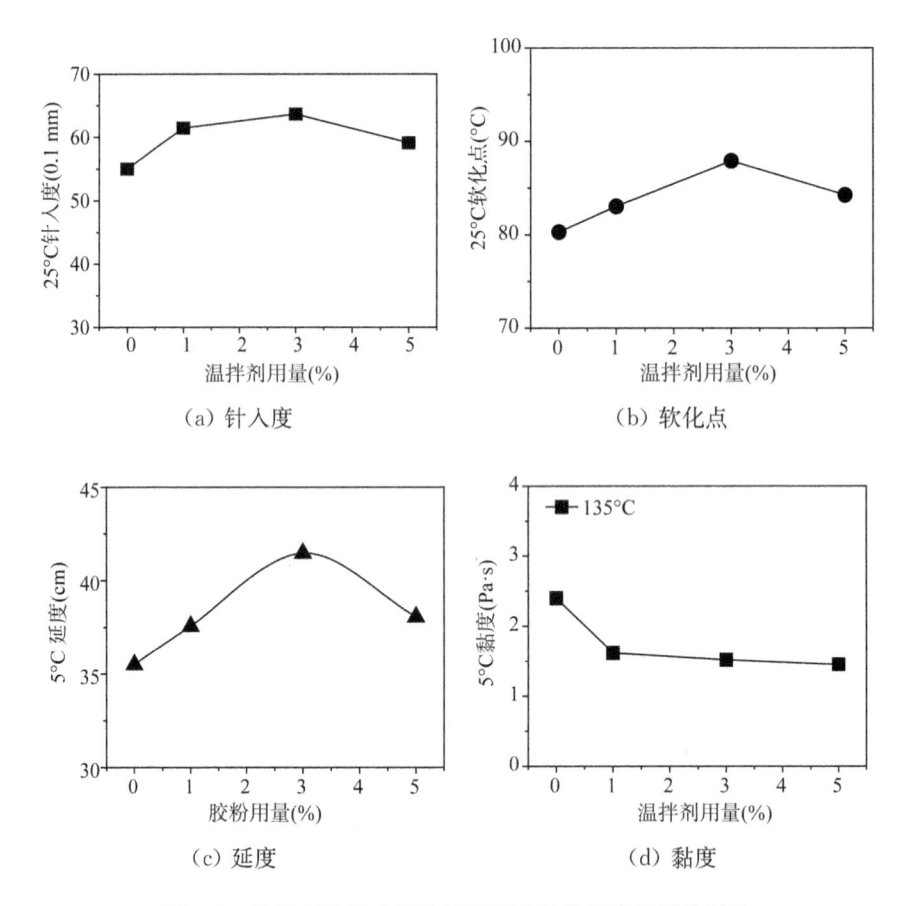

(a) 针入度

(b) 软化点

(c) 延度

(d) 黏度

**图6.2 温拌剂用量对橡胶/SBS复合改性沥青性能的影响**

图6.2(a)显示,在橡胶/SBS复合改性沥青中加入温拌剂后,其针入度值略微增加。当温拌剂的掺量为1%、3%、5%时,相对于橡胶/SBS复合改性沥青,其针入度值分别提高了11.7%、15.6%、7.5%。这意味着温拌剂的添加可以改善橡胶粉/SBS改性沥青的软硬程度。当温拌剂掺量为3%时,对橡胶/SBS复合改性沥青的针入度改善效果最好。

图6.2(b)显示,在橡胶/SBS复合改性沥青中添加温拌剂后,沥青的软化

点值呈现出一个先上升后下降的趋势。当温拌剂的掺量为1%、3%、5%时,相对于未添加温拌剂的橡胶/SBS复合改性沥青,软化点值分别增加了3.4%、9.5%、4.9%。这表明加入温拌剂可以提高沥青的高温性能。进一步分析发现,在温拌剂掺量为3%时,与橡胶粉和SBS改性剂配合使用的改性沥青表现出最好的效果。

根据图6.2(c),在橡胶/SBS复合改性沥青中添加温拌剂后,可以观察到沥青的5℃延度呈现先上升后下降的趋势。当温拌剂的掺量为1%、3%、5%时,相对于未添加温拌剂的橡胶/SBS复合改性沥青,软化点值分别增加了5.8%、16.8%、7.2%。这表明加入温拌剂可以提高沥青的高温性能。进一步分析发现,在温拌剂掺量为3%时,与橡胶粉和SBS改性剂配合使用的改性沥青表现出最佳效果。

根据图6.2(d),在橡胶/SBS复合改性沥青中添加温拌剂后,其135℃黏度降低明显,且随着温拌剂用量的不断增加,沥青的黏度也在下降。这是由于温拌剂吸附在沥青的表面,并与其中的黏性成分发生相互作用,形成一层分子膜,从而减少了黏性成分之间的相互吸附力,降低了沥青的黏度。因此,温拌剂可以有效地降低橡胶/SBS改性沥青的黏度,改善其施工性能。

## 6.3.2 黏温曲线研究

沥青的黏度决定了混合料的拌和温度。黏度越小,混合料越容易拌和,同时也降低了消耗的拌和功率。此外,沥青较小的黏度还使混合料适合在较低的温度下进行拌和。早在1962年,美国沥青协会(AI)主编的《沥青混凝土和其他热拌混合料设计方法》开始推荐使用沥青结合料的黏度来确定试验室混合料的拌和与压实温度,当时使用的是赛波特重质油黏度计。从1974年开始,美国沥青协会将黏度的测量单位转换为厘泊(centistokes),并建议在马歇尔混合料设计时,以沥青结合料的黏度在170±20厘泊对应的温度范围作为拌和温度,280±30厘泊对应的温度范围作为压实温度。

本次选择了合适的转子或转速,保证黏度计的扭矩读数处在10%~98%。旋转黏度试验选择在120℃、140℃、160℃、180℃ 4个不同温度下进行,涵盖了橡胶沥青生产、运输和施工等环节的温度范围。采用的温拌剂掺量为3%,得到温拌橡胶复合改性沥青的黏度结果,如图6.3所示。

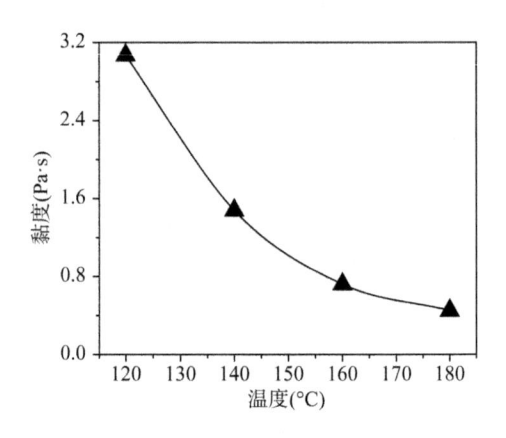

图 6.3 黏度结果

从图 6.3 可知,随着温度的增加,温拌橡胶沥青的黏度不断降低,当温度从 135℃上升到 145℃时,温拌橡胶沥青的黏度降低幅度均超过 30%;而当温度超过 145℃后,沥青黏度下降速度减缓,当温度接近 180℃时,沥青的黏度基本趋于平稳。当胶粉掺量为一定时,随着试验温度的升高,复合改性沥青的降黏效果越来越明显。这可能是由于随着温度升高,温拌剂与橡胶沥青进一步发生复杂的化学反应,使得橡胶沥青分子间的距离变大或有关化学键断裂,从而分子间摩擦阻力变小,旋转黏度变小。

目前黏温关系分析有较多的理论公式,其中最常用的是 Walther 和 Saal 的公式,我国有大量研究认为 Saal 公式能够较好地表示黏温关系,其公式形式如下:

$$\lg\lg(\eta \times 10^3) = n - m\lg(T + 273.13)$$

其中:$\eta$——黏度(Pa·s),$\eta \times 10^3$ 换算为 mPa·s;

$T$——温度(℃)。

用该公式可分析得到黏温曲线,如图 6.4 所示。从图 6.4 可知,本次试验结果表明 Saal 公式拟合回归效果良好,其拟合优度 $R^2$ 为 0.99。

《公路沥青路面施工技术规范》(JTG F40—2004)中规定普通沥青是采用黏度为 0.17±0.02 Pa·s 和 0.28±0.03 Pa·s 所对应的温度作为沥青混合料的拌和与压实温度。根据图 6.4 的黏温曲线,可以得到本次温拌橡胶/SBS

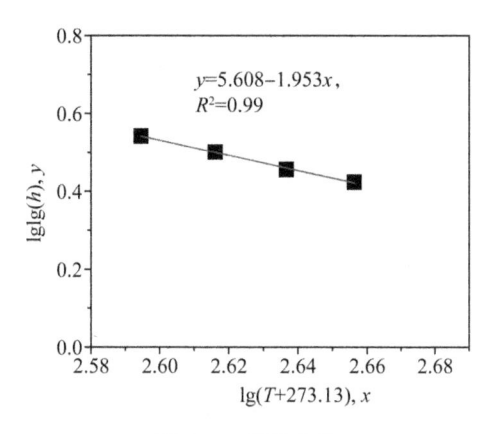

图 6.4 黏温曲线

复合改性沥青的拌和温度为 214.08～226.42℃,压实温度为 192.33～202.19℃。

值得注意的是,通过黏温曲线推荐的拌和温度和压实温度是高于实际拌和温度及压实温度的。若按照该拌和温度,沥青会迅速老化,拌锅内出现大量的黑烟,将严重影响沥青混合料的路用性能;若按照压实温度在 190℃以上,沥青混合料在摊铺时温度下降较快,往往难以在该压实温度下完成碾压。国内外已有较多研究表明,黏温曲线法确定拌和及压实温度多用于基质沥青,并不适用于改性沥青。因此,本次研究表明基于黏温曲线确定的温拌橡胶/SBS复合沥青拌和及压实温度偏高,后续研究时可采用体积法确定施工温度。

### 6.3.3 流变性能研究

沥青路面的服役温度处于沥青黏弹性工作范围内,而动态剪切流变仪(Dynamic Shear Rheometer,DSR)是用于测量沥青结合料线黏弹性模量的有效检测仪器,因此动态剪切流变试验能够较好地模拟交通条件,反映沥青胶结料的流变性能。按照《沥青断裂性能试验(直接拉伸法)》(T0629—2011)操作规范对温拌橡胶/SBS沥青进行动态剪切流变试验,并计算其车辙因子,结果分析如图 6.5 所示。其中橡胶/SBS+1W 代表橡胶/SBS 改性沥青中加入了 1% 的温拌剂。

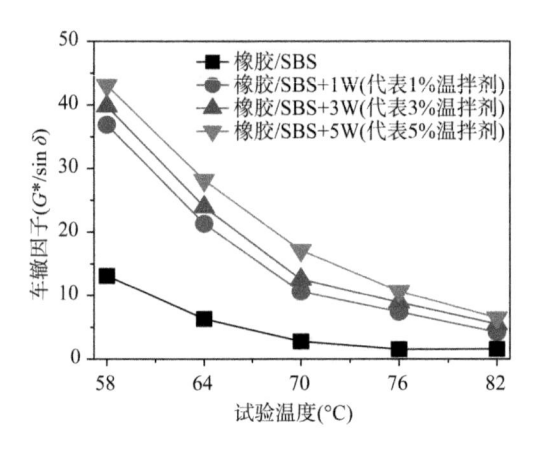

图 6.5 车辙因子

从图 6.5 可知,当温拌剂加入橡胶/SBS 复合改性沥青后,由于温拌剂的作用,橡胶/SBS 复合改性沥青的车辙因子会有不同程度的提升。且随着温拌剂用量的增加,沥青的车辙因子提升明显。车辙因子是用来评价沥青的抗车辙性能的指标,即沥青路面在车辆行走时产生的车辙深度。提升车辙因子意味着沥青在车辆行驶时更能抵抗车辙的产生,对路面的保护作用更好。然而,随着温度的提高,复合改性沥青的车辙因子逐渐降低。这是因为温度升高会导致复合改性沥青的流动性增加、黏度降低,使得沥青在车辆行驶时更容易变形,从而增加车辙的产生。降低趋势逐渐缓慢是因为随着温度的继续升高,此时复合改性沥青的流动性已经达到一定的上限,增加温度对流动性的影响逐渐减弱。

对温拌剂不同掺量下的复合改性沥青进行沥青低温弯曲流变试验,并计算其蠕变劲度和蠕变速率,结果分析如图 6.6、图 6.7 所示。

从图 6.6 可知,掺加温拌橡胶/SBS 复合改性沥青的变形能力随温度的升高而增加。在 −6℃ 时,复合改性沥青的变形能力明显高于在 −12℃ 和 −18℃ 下的值。这表明温度越高,复合改性沥青的抗变形能力越强,更不容易出现变形问题。此外,加入温拌剂后,温拌复合改性沥青的变形能力低于未添加温拌剂的值。这意味着,温拌剂的添加会导致复合改性沥青的高温变形能力下降,从而降低高温稳定性能。

同时,复合改性沥青中添加温拌剂后,其劲度模量值和变形能力有所增强,这对低温性能产生负面影响。随着温拌剂掺量的增加,复合改性沥青的

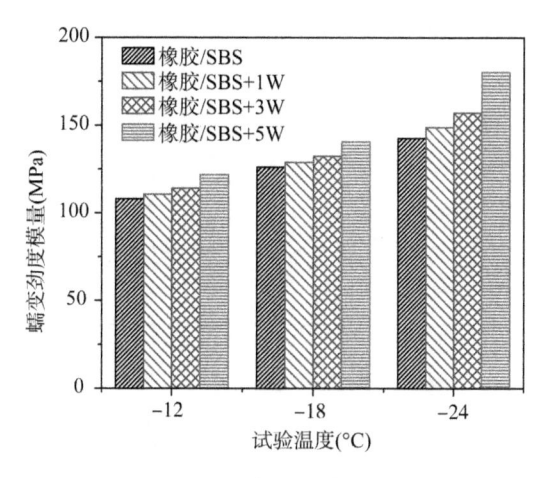

图 6.6 沥青蠕变劲度结果

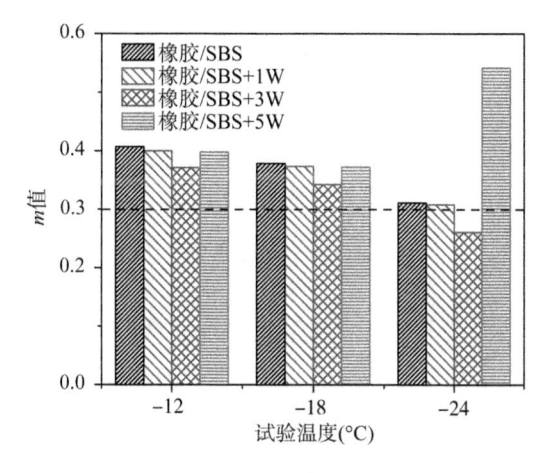

图 6.7 沥青蠕变速率结果

劲度模量增加,松弛能力减小,但同时也导致沥青的低温性能,且温拌剂掺量为 5% 时,温拌复合改性沥青的低温抗裂性能最为不利。

### 6.3.4 储存性能研究

由于橡胶类改性沥青存在相容性不佳的问题,导致在贮存或运输过程中容易发生离析现象。如温拌橡胶/SBS 复合改性沥青的储存稳定性较差,在使用过程中容易存在性能差距过大或者性能衰减等一系列问题,进而影响路面施工质量。在前文中,我们采用软化点差指标对橡胶/SBS复合改性沥青的储存稳定性进行了评价。本部分主要研究温拌剂掺量对橡胶/SBS复合改性沥青储存稳定性的影响。储存稳定性采用我国现行规范中离析试验进行评价,利用上下1/3试管中沥青软化点差值大小判断,在试管中倒入50 g试样,按照规范要求在163℃条件下储存48 h,取出后再放入−5℃冰箱冷藏4 h,冷却至室温,比较上下1/3试管中试样的软化点差。本次结果如图6.8所示。

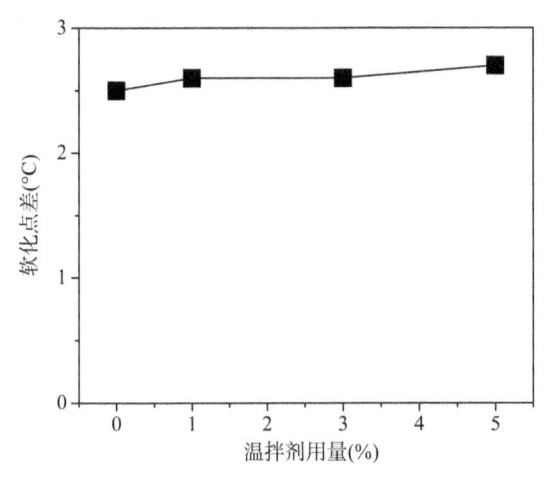

图6.8 软化点差

从图6.8可知,温拌剂加入后对复合改性沥青的软化点差具有一定影响,但其影响幅度不大,表明温拌剂加入后对沥青的储存稳定性影响不大,其能与沥青、橡胶、SBS等较好地相容,可以保证在高温环境下不出现离析现象。

## 6.4 温拌橡胶/SBS复合改性沥青混合料性能研究

按照前文橡胶/SBS复合改性沥青混合料设计方法,选用AC-13级配,确定橡胶/SBS温拌复合改性沥青混合料的最佳油石比为5.6%。对其拌和及压实温度、路用性能等开展综合研究。掺加温拌剂能降低橡胶/SBS复合改性沥青的黏度,从而降低拌和阶段和压实阶段的温度。本次研究时拌和温度选择为160℃,压实温度选择为140℃。

## 6.4.1 高温稳定性

橡胶/SBS温拌复合改性沥青混合料的高温稳定性采用动稳定度评价，试验时的温度为60℃，得到的动稳定性试验结果如图6.9所示。以橡胶/SBS为基准，进一步评价温拌剂用量对动稳定度的提升幅度，其结果如图6.10所示。

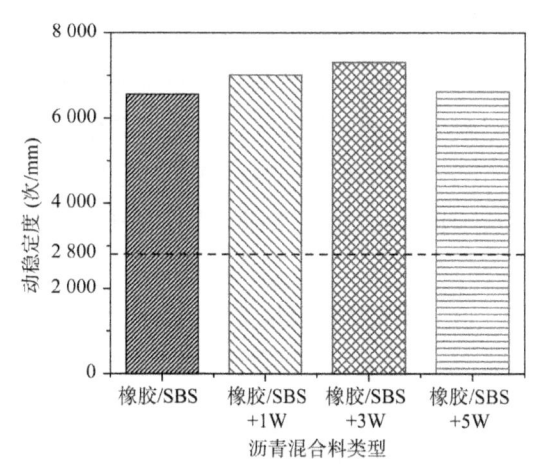

图6.9 动稳定度

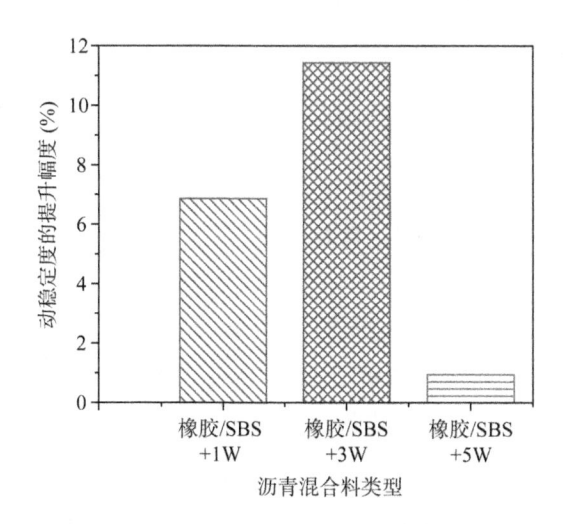

图6.10 动稳定度的提升幅度

从图 6.9 可知,通过添加温拌剂可以一定程度上提高橡胶沥青混合料的动稳定度。掺加 3% 的温拌剂能够获得最大的动稳定度,其次是 1% 的掺量,未添加温拌剂的混合料具有最小的动稳定度。车辙病害主要是由剪切作用引起的,当温拌剂掺量达到 3% 时,混合料的抗剪性能最佳,能够抵抗车轮荷载的作用。

此外,橡胶颗粒和 SBS 成分都是弹性体,并且能够形成交联的网状结构。在不断施加应力的情况下,交联的弹性分子能够提供良好的抗剪作用,而游离弹性分子能够存储弹性势能,并在释放后提供良好的弹性恢复能力。这使得混合料能够抵抗车辙的产生并提供更长的使用寿命。而随着温拌剂用量持续增加到 5% 时,相较于 1% 和 3% 而言,沥青混合料的高温稳定性有所降低,由此说明随着温拌剂掺量的增加,沥青在高温条件下质地变软,更容易产生车辙现象。

从图 6.10 可知,当温拌剂用量逐步增加时,沥青混合料的动稳定度呈现先增加后减小的趋势,在采用 1% 的温拌剂用量时,沥青混合料的动稳定度提升了近 7%;继续增加至 3% 的温拌剂用量时,沥青混合料的动稳定度提升了近 12%;继续增加至 5% 的温拌剂用量时,沥青混合料的动稳定度仅提升了近 1%。这表明温拌剂的加入存在适宜的用量,其在 3% 时达到了最高的动稳定度,而继续增加时,其增加幅度反而减弱,表明温拌剂用量较多时,反而不利于动稳定度的提升。

### 6.4.2　低温抗裂性

橡胶/SBS 温拌复合改性沥青混合料的低温抗裂性采用弯曲蠕变评价,试验时的温度为 −10℃,得到的抗弯拉强度、最大弯拉应变和劲度模量的结果如图 6.11 所示。

从图 6.11 可知,四种复合改性沥青混合料的低温抗裂性能基本满足规范要求。未掺加温拌剂的混合料具有最小的弯拉应变和弯拉劲度模量,这是因为橡胶/SBS 复合改性沥青混合料的弯拉强度较低。然而,当掺加温拌剂后,抗弯拉强度显著提高,提升幅度为 4.9%~17.3%。这表明温拌剂能够直接提升橡胶/SBS 复合改性沥青混合料的低温抗裂性能。

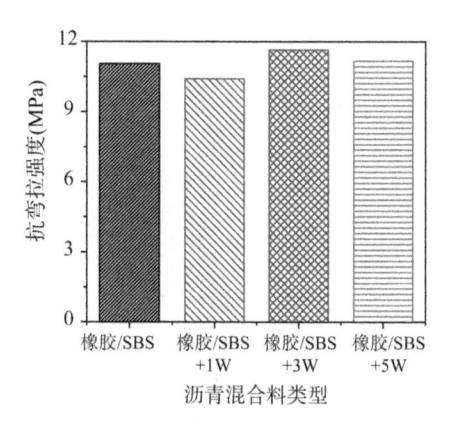

(a) 抗弯拉强度

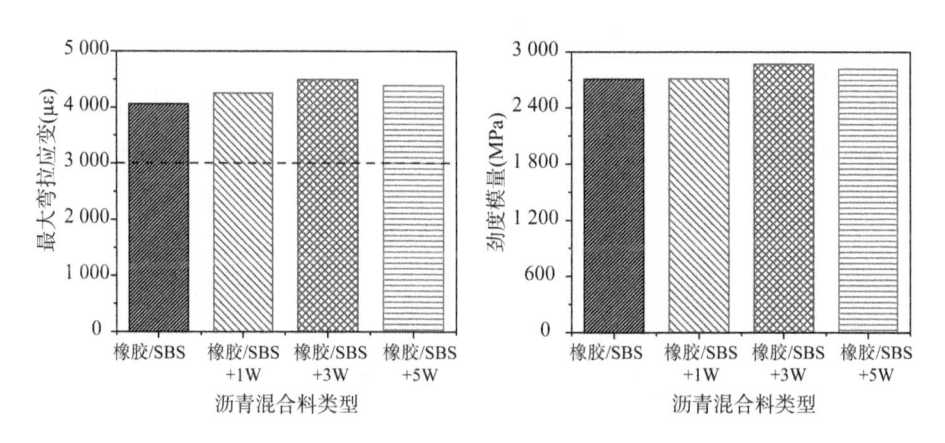

(b) 劲度模量

**图 6.11 沥青混合料低温性能**

从最大弯拉应变的角度观察，以橡胶/SBS沥青混合料为基准，分析温拌剂加入后最大弯拉应变的变化程度，结果如图6.12所示。

此外，从最大弯拉应变的角度观察，掺加温拌剂后最大弯拉应变有所提高，当温拌剂用量为1%时，沥青混合料的最大弯拉应变提升幅度近5%；当温拌剂用量增加至3%时，沥青混合料的最大弯拉应变提升幅度近11%；当温拌剂用量增加至5%时，沥青混合料的最大弯拉应变提升幅度近8%。表明温拌剂的加入会使橡胶/SBS复合改性沥青的质地变得更加柔软，这在低温下抵抗应力带来的影响方面起到了积极作用。综上所述，掺加温拌剂能够显著改善

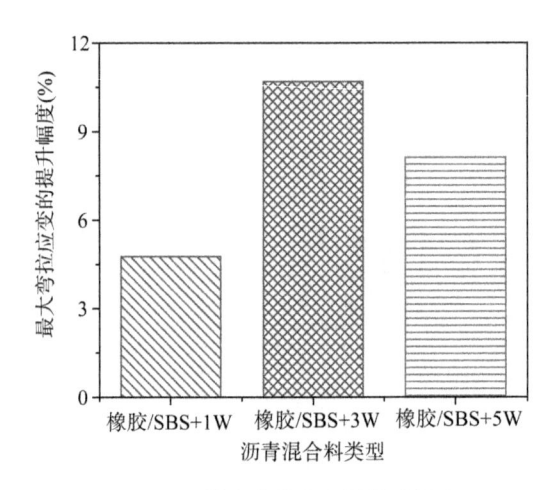

图 6.12 最大弯拉应变的提升幅度

橡胶/SBS 复合改性沥青混合料的低温抗裂性能。但值得注意的是,温拌剂的用量在低温性能改善方面有适宜的用量,3%的温拌剂用量具有最好的效果。

### 6.4.3 水稳定性

选择冻融劈裂试验和浸水马歇尔试验,分析水分对橡胶/SBS 温拌复合改性沥青混合料的直接影响,从而评价其水稳定性。按照前文冻融劈裂试验和浸水马歇尔试验的方法,得到橡胶/SBS 温拌复合改性沥青混合料的水稳定性结果,如图 6.13 和图 6.14 所示。

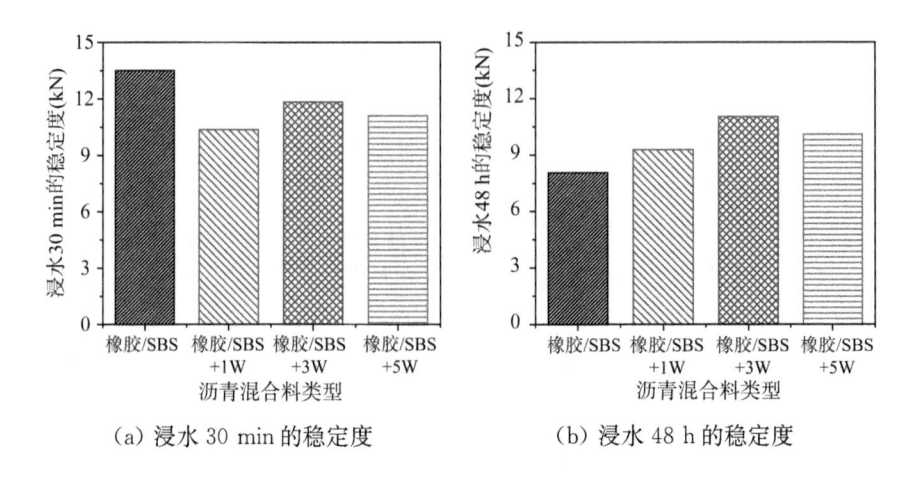

(a) 浸水 30 min 的稳定度　　(b) 浸水 48 h 的稳定度

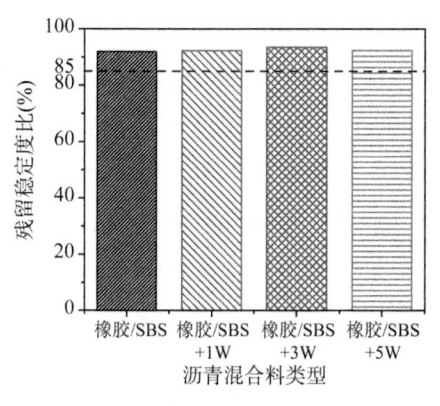

（c）残留稳定度比

图 6.13　沥青混合料浸水稳定度试验结果

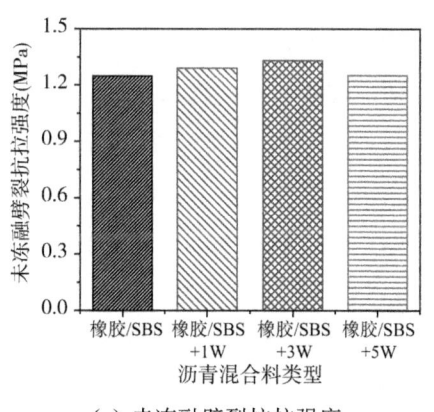

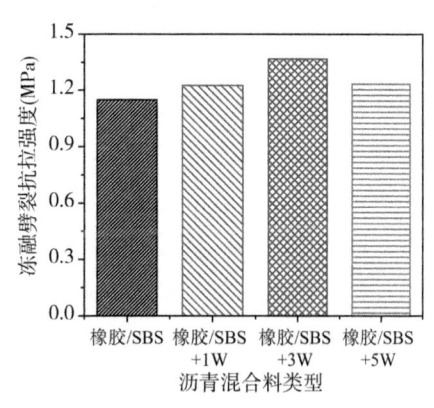

（a）未冻融劈裂抗拉强度　　　　　（b）冻融劈裂抗拉强度

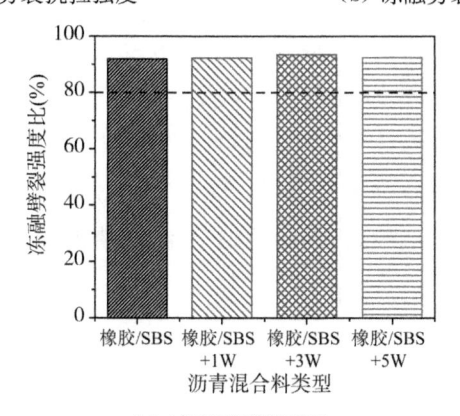

（c）冻融劈裂强度比

图 6.14　沥青混合料冻融劈裂试验结果

图 6.13 为加入温拌剂后的橡胶/SBS 复合改性沥青混合料浸水稳定度试验结果，从图 6.13(a)-(b)可知，浸水 30 min 时，橡胶/SBS 复合改性沥青混合料的稳定度最高，而加入温拌剂后的沥青混合料稳定度有所降低，这由于在马歇尔试件成型的过程中，橡胶改性沥青黏度较大，其较为密实，水分不容易进入内部空隙；而浸水 48 h 后，发现橡胶/SBS 复合改性沥青混合料的稳定度最低，而加入温拌剂后的沥青混合料稳定度有所升高。这是因为沥青混合料在压实阶段中被不断被挤压，导致亲水基和疏水基有序排列。这种有序排列增强了橡胶改性沥青中胶结料和石料之间的黏结力，提升了橡胶改性沥青的抗水能力。这意味着在潮湿环境下，温拌橡胶/SBS 复合改性沥青更能抵抗水的侵蚀，保持其性能和使用寿命。

图 6.13(c)为橡胶/SBS 复合改性沥青混合料加入温拌剂前后的浸水残留稳定度结果，可知温拌剂用量为 3% 的改性沥青混合料（橡胶/SBS+3W）的浸水残留稳定度最高，但四种沥青混合料的浸水残留稳定度均高于 80%。表明在适量温拌剂加入后，可以提升橡胶/SBS 复合改性沥青混合料的水稳定性。

从图 6.14 可知，橡胶/SBS 复合改性沥青混合料在冻融循环后劈裂强度有所降低。掺加温拌剂后的橡胶/SBS 复合改性沥青混合料的劈裂强度较未掺加时有所提高，对应的冻融劈裂强度比也随着温拌剂用量的增加而提升。如当温拌剂用量增加到 1%、3% 和 5% 时，与未加温拌剂相比，其冻融劈裂强度比分别提高了 0.39%、1.69% 和 0.50%。进一步发现，四种沥青混合料的冻融劈裂强度比均高于 80%，说明橡胶/SBS 复合改性沥青混合料具有良好的抗水损害性，其原因是 SBS 成分能够改善沥青低温延展性，在冻融劈裂试验时，SBS 成分和橡胶粉改性剂通过对沥青和石料间的黏聚作用，增加了横向的拉伸作用，所以能够增强劈裂强度。同时，温拌剂在挤压密实过程中，能够很好地增强橡胶改性沥青和石料间的黏附能力，使得沥青混合料的路面有了更好的抗水损害能力。

### 6.4.4　疲劳性能

选择的四点弯曲试验对加入温拌剂的沥青混合料的疲劳性能测试，应力比选取为破坏荷载的 0.3、0.4 和 0.5，试验温度为 15℃，加载频率为 10 Hz。

四种沥青混合料的疲劳性能结果如图 6.15 所示。

从图 6.15 可知,在应力比相同的情况下,当应力水平较低时,温拌剂对橡胶/SBS 复合改性沥青混合料的疲劳性能提升明显。然而,在 5% 的温拌剂掺量时,其疲劳性能会回落到未掺加温拌剂时的水平。当应力水平较高时,温拌剂掺量对橡胶/SBS 复合改性沥青混合料的疲劳性能提升不明显。3% 和 5% 的温拌剂掺量的提升效果基本持平。

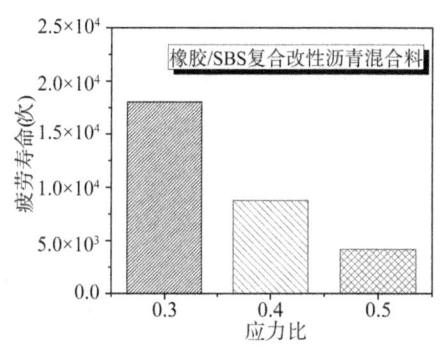

(a) 橡胶/SBS 复合改性沥青混合料

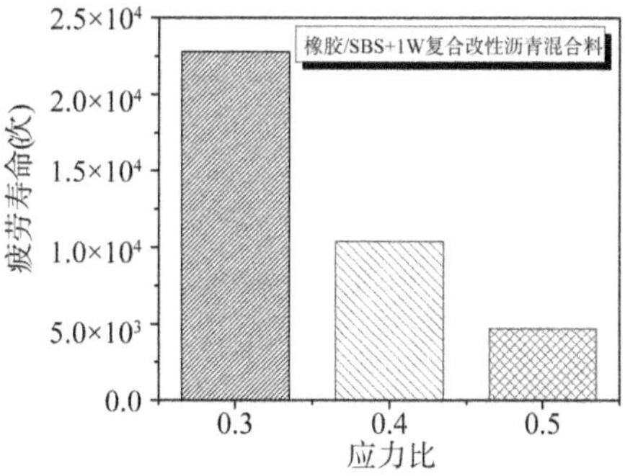

(b) 橡胶/SBS+1W 复合改性沥青混合料

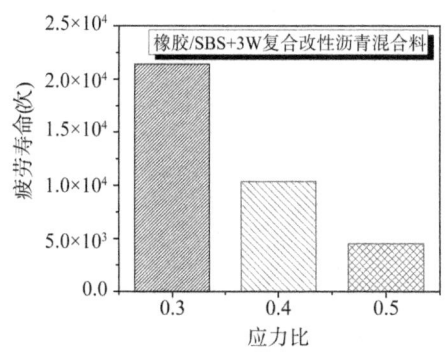

(c) 橡胶/SBS+3W 复合改性沥青混合料

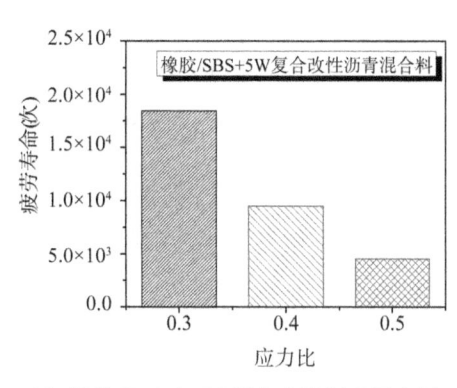

(d) 橡胶/SBS+5W 复合改性沥青混合料

**图 6.15　沥青混合料疲劳试验结果**

此外,以应力比 0.4 作为分析对象,对比温拌剂用量对沥青混合料疲劳次数的影响,其结果如图 6.16 所示,进一步分析在该条件下温拌剂加入后沥青混合料疲劳次数的降低幅度,其结果如图 6.17 所示。

从图 6.16 可知,在相同的应力比(0.4)时,温拌剂的加入在一定程度上增

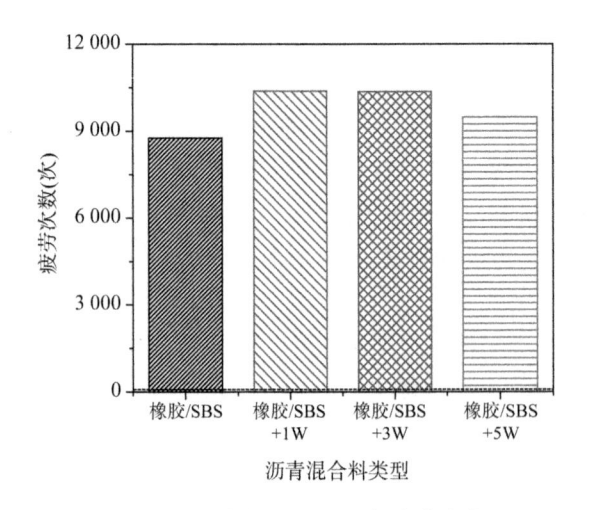

图 6.16 （应力比为 0.4 时）疲劳次数

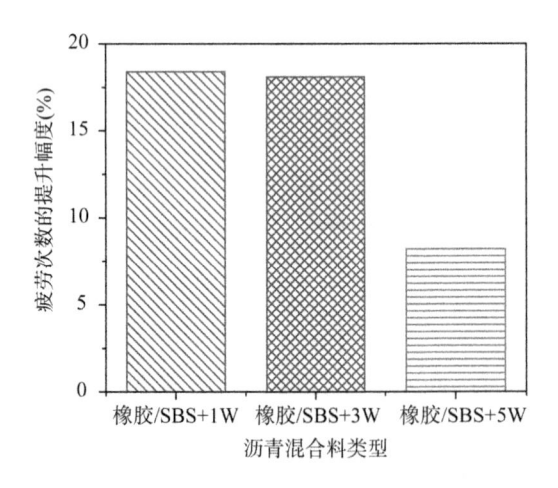

图 6.17 （应力比为 0.4 时）疲劳次数的提升幅度

加了沥青混合料的疲劳次数，但 1% 的温拌剂用量对疲劳次数的改善幅度最佳，表明温拌剂的加入会使橡胶/SBS 复合改性沥青的疲劳寿命延长。进一步从图 6.17 可看出随着温拌剂用量增加，其改善程度逐渐减弱，当温拌剂用量为 1% 时，沥青混合料的疲劳次数提升幅度为 18.4%；当温拌剂用量增加至 3% 时，沥青混合料的疲劳次数提升幅度为 18.1%；当温拌剂用量增加至 5% 时，沥青混合料的疲劳次数提升幅度近 8%。

通过疲劳试验可以发现,温拌剂影响了橡胶/SBS复合改性沥青混合料的疲劳性能。在低应力比(轻载交通条件)下,温拌剂可以延长路面的使用寿命,其中1%掺量的橡胶改性沥青具有最佳的提升效果。在高应力比(重载交通条件)下,温拌剂的提升效果不太明显。

## 6.5 本章小结

本章主要对橡胶/SBS/温拌复合改性沥青及混合料性能进行了研究,主要得出以下的结论:

(1) 在橡胶/SBS复合改性沥青中加入温拌剂后,其针入度值略微增加,沥青的软化点值呈现出一个先上升后下降的趋势,5℃延度呈现先上升后下降的趋势,135℃黏度降低明显;当温拌剂掺量为3%时,与橡胶粉和SBS改性剂配合使用的改性沥青表现出最佳效果。

(2) 温拌剂加入后,橡胶/SBS复合改性沥青混合料的动稳定度呈现先提升后降低的趋势,表明适宜的温拌剂可以增强橡胶/SBS复合改性沥青混合料的高温稳定性,且温拌剂的最佳用量范围为3%。

(3) 从低温弯曲蠕变试验来看,掺加温拌剂后,明显提高了抗弯拉强度,温拌剂掺加能够改善低温抗裂性能,且当掺量为3%时,低温性能的改善最为明显。

(4) 从水稳定性试验可知,掺加温拌剂能够加强橡胶/SBS改性沥青与石料间的黏附作用,提供更大的马歇尔稳定度,浸水后稳定度稍有下降,但温拌剂能够提高残留稳定度;冻融循环后,橡胶/SBS复合改性沥青混合料能够抵抗水分的渗透作用和膨胀压力,比未掺加温拌剂的冻融劈裂强度比高,3%的温拌剂掺量的沥青混合料具有最好的抗水损害性。

(5) 温拌剂掺加能够改善沥青混合料的疲劳性能,在温拌剂掺量为1%时,疲劳性能的提升幅度最大。同时,在较小的应力水平下,温拌橡胶改性沥青的疲劳性能会明显提高,而随着应力的增加,温拌剂对疲劳性能的改善效果逐渐减弱。这可能是因为随着应力的增加,沥青始终处于较高的应变状态,温拌剂的影响逐渐减弱,导致疲劳性能的改善效果不明显。

# 第 7 章

## 橡胶复合改性沥青混合料的生产配合比设计

生产配合比是在实际生产过程中使用的具体配比,其是根据目标配合比经验调整后的实际配比。考虑到实际施工的条件和材料的变化,生产配合比是在目标配合比的基础上经过实际施工试验和调整得出。本章节在室内试验的基础上,结合现场工程应用的原材料,开展橡胶复合改性沥青混合料的生产配合比设计,确定矿料级配、最佳沥青用量,供拌和机确定料仓的比例、进料速度及试拌使用。

## 7.1 配合比设计流程

我国《公路沥青路面施工技术规范》(JTG F40—2004)规定,沥青混合料的配合比设计分为三个阶段:目标配合比设计阶段、生产配合比设计阶段和生产配合比验证阶段。胶粉复合改性沥青混合料配合比设计过程主要包括目标配合比设计、生产配合比设计和生产配合比验证三个阶段。遵照下列步骤进行:

1. 目标配合比设计

(1) 原材料检测

从工程实际使用的材料中选取各种代表性原材料,分别按照现行《公路工程沥青及沥青混合料试验规程》(JTG E20—2011)和《公路工程集料试验规程》(JTG E42—2005)对各类矿料进行筛分,并对道路石油沥青、胶粉、胶粉复合改性沥青、各类矿料和外掺剂进行检测,确保原材料的质量。

(2) 矿料配合比设计

矿料配合比设计宜利用矿料筛分结果借助电子表格通过试配法进行。

① 设计矿料配比时,在级配范围内调整各种矿料的比例设计三组粗细不同的级配,使合成级配曲线分别位于级配范围的上方、中值、下方。

② 根据实践经验选择适宜的橡胶沥青用量,初始胶粉复合改性沥青用量宜采用4%～6%;按照初选的矿料级配与初始胶粉复合改性沥青用量制作马歇尔试件,一组试件的个数不应少于4个,分别制作上述三组不同粗细级配的马歇尔试件,进行马歇尔试验,初选一组满足或接近设计要求的级配作为设计级配。

(3) 确定设计胶粉复合改性沥青用量

应根据确定的混合料设计级配,以初始沥青用量为中值,按照一定间隔(0.3%～0.5%),取5个或5个以上不同的沥青用量分别用来成型马歇尔试件,每组试件的试样数不应少于4个;并测试计算各组试件的密度、空隙率、矿料间隙率、沥青饱和度、稳定度、流值等,分别绘制各项体积指标与沥青用量的关系曲线;根据设计空隙率,并综合考虑其他各项体积指标是否满足技术要求确定最佳胶粉复合改性沥青用量。

(4) 配合比设计检验

按以上设计矿料配合比和设计橡胶沥青用量制备马歇尔试件,进行浸水马歇尔试验、冻融劈裂试验、高温动稳定度试验,试验结果必须满足要求,若不符合要求必须重新进行配合比设计。

符合要求的配合比可以作为目标配合比,供拌和楼确定各冷料仓的供料比例、进料速度及试拌使用。

2. 生产配合比设计

沥青混合料生产配合比设计的任务就是从拌和楼各热料仓取样进行筛分,确定各热料仓的矿料比例,供拌和楼控制室调节使用,不断调整各冷料仓的矿料比例,使拌和楼能达到供料平衡;然后取沥青混合料目标配合比设计的最佳沥青用量进行马歇尔试验,从而确定沥青混合料生产配合比的最佳沥青用量。

对间歇式拌和机,应按规定方法取样测试各热料仓的材料级配,确定各热料仓的配合比,供拌和机控制室使用。同时选择适宜的筛孔尺寸和安装角度,尽量使各热料仓的供料大体平衡。并取目标配合比设计的最佳沥青用量OAC、OAC±0.3%等3个沥青用量进行马歇尔试验和试拌,通过室内试验及从拌和机取样试验综合确定生产配合比的最佳沥青用量,由此确定的最佳沥青用量与目标配合比设计的结果的差值不宜大于±0.2%。

3. 生产配合比验证

沥青混合料生产配合比的验证是根据现场沥青路面试验段的施工效果对预期设计结果的验证。在实际工程中,按照生产配合比设计拌制沥青混合料,然后进行试铺,再在试铺路段上钻取芯样,进行马歇尔试验,同时从路上钻取芯样观察空隙率的大小,由此确定生产用的标准配合比。标准配合比的矿料合成级配中,至少应包括0.075 mm、2.36 mm、4.75 mm及公称最大粒径筛孔的通过率接近目标配合比级配值,并避免在0.3～0.6 mm处出现驼峰。采用抽取的沥青混合料开展路用性能试验,检测这些试验指标是否满足相关规范标准要求。对沥青混合料生产进行监控,检查材料规格、各种设备标定是否正确。经设计确定的标准配合比在施工过程中不得随意变更。同时在生产过程中应加强跟踪检测,严格控制进场材料的质量。

## 7.2 RAC-13生产配合比设计

### 7.2.1 原材料

1. 集料

试验段采用的粗集料为辉绿岩碎石,细集料为石灰岩机制砂,填料为石灰岩矿粉。粗集料的技术性能指标如表7.1所示,细集料技术性能指标如表7.2所示,矿粉技术性能指标如表7.3所示。

表7.1 粗集料技术性能指标

| 试验项目 | | 技术要求 | 试验结果 |
| --- | --- | --- | --- |
| 表观相对密度 ($g/cm^3$) | 4～7 mm | ≥2.60 | 2.732 |
| | 7～12 mm | ≥2.60 | 2.756 |
| | 12～17 mm | ≥2.60 | 2.765 |

续表

| 试验项目 | | 技术要求 | 试验结果 |
|---|---|---|---|
| 毛体积相对密度 (g/cm³) | 4～7 mm | — | 2.698 |
| | 7～12 mm | — | 2.731 |
| | 12～17 mm | / | 2.744 |
| 吸水率(%) | 4～7 mm | ≤3.0 | 0.48 |
| | 7～12 mm | ≤3.0 | 0.34 |
| | 12～17 mm | ≤3.0 | 0.28 |
| 压碎值(%) | 9.5～13.2 mm | ≤26 | 13.7 |
| 黏附性(级) | 12～17 mm | ≥5 | 5级 |

表 7.2 细集料技术性能指标

| 试验项目 | 技术要求 | 试验结果 |
|---|---|---|
| 表观相对密度(g/cm³) | ≥2.50 | 2.678 |
| 毛体积相对密度(g/cm³) | — | 2.620 |
| 吸水率(%) | — | 0.82 |

表 7.3 矿粉技术性能指标

| 试验项目 | 技术要求 | 试验结果 |
|---|---|---|
| 密度(g/cm³) | ≥2.50 | 2.682 |
| 亲水系数 | <1 | 0.80 |
| 加热安定性 | 实测 | 颜色无明显变化 |
| 塑性指数 | <4 | 2.4 |

2. 橡胶/SBS 复合改性沥青

橡胶/SBS 复合改性沥青采用工厂化制备,项目测定技术指标如表 7.4 所示。

表 7.4 沥青技术性能指标

| 试验项目 | 技术要求 | 试验结果 |
|---|---|---|
| 针入度 25℃(0.1 mm) | 40～60 | 45 |

续表

| 试验项目 | 技术要求 | 试验结果 |
|---|---|---|
| 延度5℃(cm) | ≥10 | 14 |
| 软化点(5℃) | ≥65 | 67.5 |
| 相对密度(25℃) | 实测 | 1.054 |

## 7.2.2 热料仓筛分及生产配合比调试

在生产配合比设计过程中,为保证筛分的代表性和真实性,拌和楼上料速度与正常生产时上料速度相一致。各个热料仓单独放料,各热料仓前面料放掉,待稳定后取样,并对所取样品进行了热料仓料筛分和密度试验,其中1#仓碎石为12～17 mm,2#仓碎石为7～12 mm,3#仓碎石为4～7 mm,4#仓碎石为0～4 mm。筛分结果如表7.5所示。

表7.5 拌和楼各热料仓料筛分结果

| 材料 | 下列筛孔的通过率(%) | | | | | | | | | | |
|---|---|---|---|---|---|---|---|---|---|---|---|
| | 26.5 (mm) | 19.0 (mm) | 16.0 (mm) | 13.2 (mm) | 9.5 (mm) | 4.75 (mm) | 2.36 (mm) | 1.18 (mm) | 0.6 (mm) | 0.3 (mm) | 0.15 (mm) | 0.075 (mm) |
| 1#仓 | 100 | 100 | 100 | 92.8 | 5.6 | 0.2 | 0.1 | 0.1 | 0.1 | 0.1 | 0.1 | 0.1 |
| 2#仓 | 100 | 100 | 100 | 100 | 78.4 | 0.7 | 0.2 | 0.2 | 0.2 | 0.2 | 0.2 | 0.2 |
| 3#仓 | 100 | 100 | 100 | 100 | 100 | 38.4 | 4.6 | 3.1 | 2.1 | 2.1 | 2.1 | 0.5 |
| 4#仓 | 100 | 100 | 100 | 100 | 100 | 100 | 70.0 | 47.2 | 32.7 | 21.1 | 14.1 | 5.3 |
| 矿粉 | 100 | 100 | 100 | 100 | 100 | 100 | 100 | 100 | 100 | 100 | 99.8 | 82.4 |

依据目标配合比设计级配及热料仓筛分试验结果,进行了生产配合比级配组合设计,经过室内马歇尔试件成型试验,最终确定各热仓料及矿粉质量比为:

1#仓:2#仓:3#仓:4#仓:矿粉=28%:38%:4%:26%:4%。

矿料合成级配计算结果如表7.6和图7.1所示。

表7.6 生产配合比矿料级配组合设计

| 材料 | 下列筛孔的通过率(%) | | | | | | | | | | |
|---|---|---|---|---|---|---|---|---|---|---|---|
| | 26.5 (mm) | 19.0 (mm) | 16.0 (mm) | 13.2 (mm) | 9.5 (mm) | 4.75 (mm) | 2.36 (mm) | 1.18 (mm) | 0.6 (mm) | 0.3 (mm) | 0.15 (mm) | 0.075 (mm) |
| 合成 | 100 | 100 | 100 | 98.0 | 65.4 | 31.9 | 22.5 | 16.5 | 12.7 | 9.7 | 7.8 | 4.8 |
| 上限 | 100 | 100 | 100 | 100 | 71 | 35 | 28 | 23 | 19 | 15 | 12 | 8 |
| 下限 | 100 | 100 | 100 | 90 | 60 | 24 | 19 | 14 | 12 | 9 | 7 | 3 |
| 中值 | 100 | 100 | 100 | 95 | 65.5 | 29.5 | 23.5 | 18.5 | 15.5 | 12 | 9.5 | 5.5 |

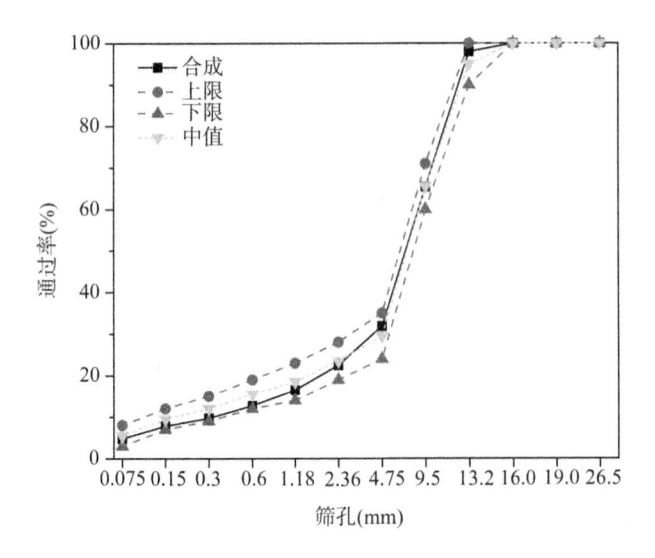

图7.1 生产配合比级配曲线

## 7.2.3 生产配合比设计确定及最佳油石比

生产配合比设计时分别用 5.4%、5.7%、6.0% 的油石比进行马歇尔试验,测定各组试件的毛体积密度、空隙率、矿料间隙率、饱和度、稳定度、流值与油石比的关系曲线,分别如图7.2所示。

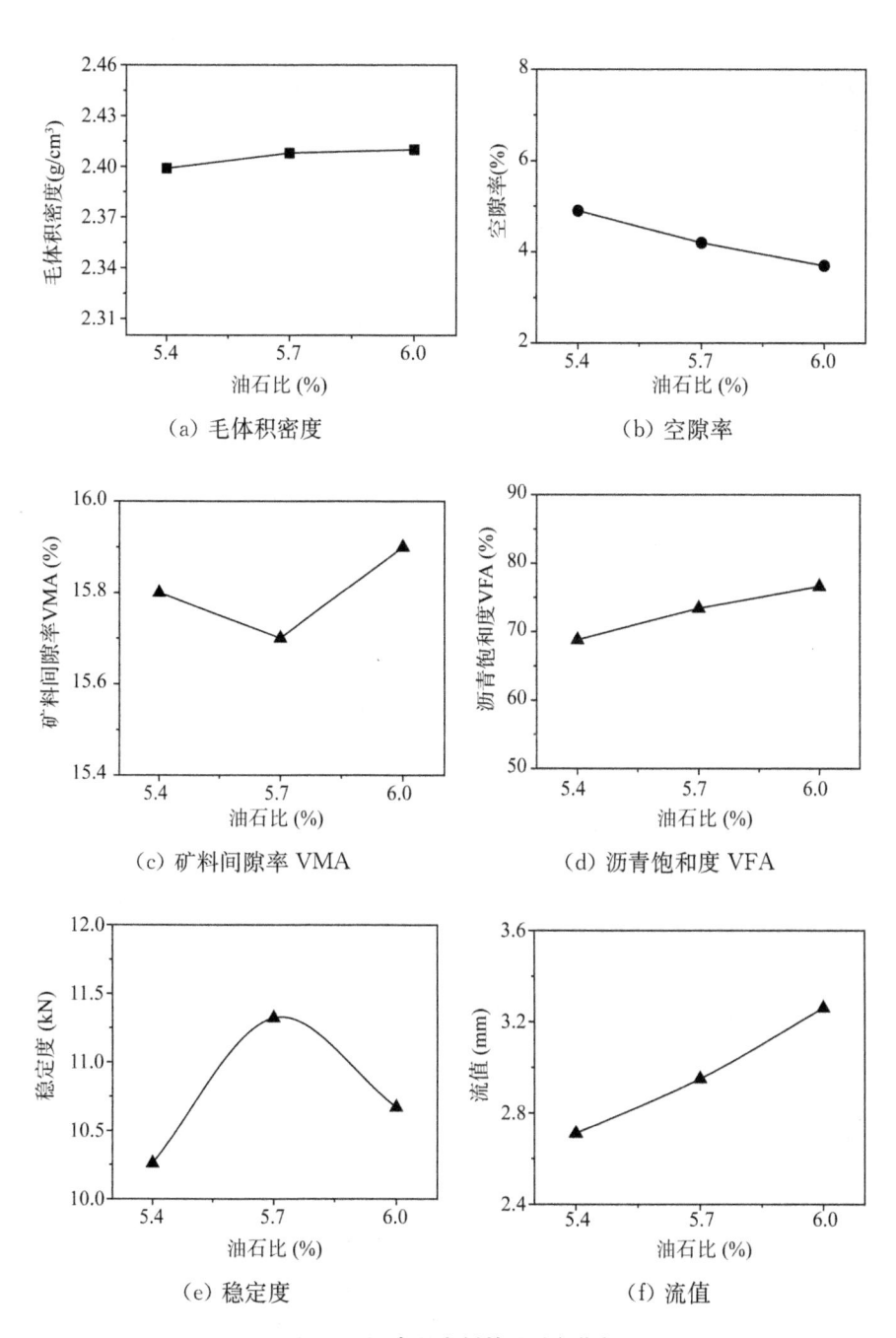

图 7.2 沥青混合料的马歇尔指标

从图 7.2 可知,试件毛体积相对密度最大值对应的油石比为 6.00%,稳定度最大值对应的油石比为 5.70%,空隙率 4.5% 对应的油石比为 5.56%,沥青饱和度中值未达到,$OAC_1 = (a_1+a_2+a_3)/3 = (6.00\% + 5.70\% + 5.56\%)/3 = 5.75\%$,各指标均符合沥青混合料技术标准最小 $OAC_{min} = 5.48\%$,各指标均符合沥青混合料技术标准最大值 $OAC_{max} = 6.00\%$,$OAC_2 = (OAC_{min} + OAC_{max})/2 = (5.48\% + 6.00\%)/2 = 5.74\%$,$OAC = (OAC_1 + OAC_2)/2 = (5.75\% + 5.74\%)/2 = 5.745\%$,最终确定最佳油石比 OAC 为 5.70%。

### 7.2.4 生产配合比设计性能检验

对最佳油石比 OAC 为 5.70% 时的橡胶/SBS 复合改性沥青混合料的各项性能检验,其结果如表 7.7 所示,结果表明本次采用的生产配合比符合要求。

表 7.7 配合比性能检验

| 项目 | 残留稳定度(%) | 冻融劈裂强度比(%) | 动稳定度(次/mm) | 渗水系数(mL/min) |
| --- | --- | --- | --- | --- |
| 结果 | 91.3 | 89.0 | >6 000 | 67 |
| 要求 | ≥85 | ≥80 | ≥5 000 | ≤80 |
| 判定 | 合格 | 合格 | 合格 | 合格 |

## 7.3 RAC-20 生产配合比设计

### 7.3.1 原材料

集料

试验段采用的粗集料为石灰岩碎石,细集料为石灰岩机制砂,填料为石灰岩矿粉。粗集料技术性能指标如表 7.8 所示,细集料技术性能指标如表 7.9 所示,矿粉技术性能指标如表 7.10 所示。

表7.8 粗集料技术性能指标

| 试验项目 | | 技术要求 | 试验结果 |
|---|---|---|---|
| 表观相对密度 (g/cm³) | 4～7 mm | ≥2.50 | 2.690 |
| | 7～12 mm | ≥2.50 | 2.690 |
| | 12～17 mm | ≥2.50 | 2.697 |
| 毛体积相对密度 (g/cm³) | 4～7 mm | — | 2.652 |
| | 7～12 mm | — | 2.660 |
| | 12～17 mm | — | 2.663 |
| | 17～22 mm | — | 2.664 |
| 吸水率(%) | 4～7 mm | ≤3.0 | 0.54 |
| | 7～12 mm | ≤3.0 | 0.42 |
| | 12～17 mm | ≤3.0 | 0.48 |
| | 17～22 mm | ≤3.0 | 0.48 |
| 针片状含量(%) | 4～7 mm | ≤15 | 13.2 |
| | 7～12 mm | ≤15 | 13.3 |
| | 17～22 mm | ≤15 | 10.2 |
| 压碎值(%) | 9.5～13.2 mm | ≤28 | 21.2 |
| 黏附性(级) | 12～17 mm | ≥4 | 5级 |
| 软弱颗粒含量(%) | 4～7 mm | ≤5 | 3.7 |
| | 7～12 mm | ≤5 | 4.7 |
| | 17～22 mm | ≤5 | 2.9 |

表7.9 细集料技术性能指标

| 试验项目 | 技术要求 | 试验结果 |
|---|---|---|
| 表观相对密度(g/cm³) | ≥2.50 | 2.680 |
| 毛体积相对密度(g/cm³) | — | 2.642 |
| 棱角性(s) | ≥30 | 40.2 |
| 砂当量(%) | ≥60 | 65 |
| 亚甲蓝 | ≤25 | 2.0 |

表7.10 矿粉技术性能指标

| 试验项目 | 技术要求 | 试验结果 |
|---|---|---|
| 密度(g/cm³) | ≥2.50 | 2.708 |
| 亲水系数 | <1 | 0.72 |
| 液限(%) | — | 18.5 |
| 塑限(%) | — | 16.5 |
| 含水率(%) | ≤1 | 0.5 |

## 7.3.2 热料仓筛分及生产配合比调试

在生产配合比设计过程中,为保证筛分试样的代表性和真实性,拌和楼上料速度与正常生产时上料速度相一致。各个热料仓单独放料,各热料仓前面料放掉,待稳定后取样,并对所取样品进行了筛分和密度试验,其中1#仓碎石为17～22 mm,2#仓碎石为12～17 mm,3#仓碎石为7～12 mm,4#仓碎石为4～7 mm,5#仓碎石为0～4 mm。筛分结果如表7.11所示。

表7.11 拌和楼各热料仓料筛分结果

| 材料 | 下列筛孔的通过率(%) | | | | | | | | | | |
|---|---|---|---|---|---|---|---|---|---|---|---|
| | 26.5(mm) | 19.0(mm) | 16.0(mm) | 13.2(mm) | 9.5(mm) | 4.75(mm) | 2.36(mm) | 1.18(mm) | 0.6(mm) | 0.3(mm) | 0.15(mm) | 0.075(mm) |
| 1#仓 | 100 | 70.7 | 14.6 | 2.2 | 1.3 | 0.9 | 0.5 | 0.5 | 0.4 | 0.4 | 0.3 | 0.1 |
| 2#仓 | 100 | 100 | 93.7 | 59.5 | 6.6 | 3.5 | 2.8 | 2.5 | 2.3 | 2.0 | 1.6 | 0.5 |
| 3#仓 | 100 | 100 | 100 | 99.6 | 75.4 | 2.8 | 2.2 | 2.0 | 1.9 | 1.8 | 1.3 | 0.6 |
| 4#仓 | 100 | 100 | 100 | 100 | 100 | 41.7 | 7.4 | 6.9 | 6.6 | 6.2 | 5.8 | 5.3 |
| 5#仓 | 100 | 100 | 100 | 100 | 100 | 100 | 80.9 | 60.5 | 38.2 | 25.2 | 18.7 | 11.8 |
| 矿粉 | 100 | 100 | 100 | 100 | 100 | 100 | 100 | 100 | 100 | 100 | 92.0 | 80.2 |

依据目标配合比设计级配及热料仓筛分试验结果,进行了生产配合比级配组合设计,经过室内马歇尔试件成型试验,最终确定各热料仓料及矿粉质

量比为：

1# 仓：2# 仓：3# 仓：4# 仓：5# 仓：矿粉＝21％：24％：21％：10％：22％：2％。

矿料合成级配计算结果如表7.12和图7.3所示。

表7.12 生产配合比矿料级配组合设计

| 材料 | 下列筛孔的通过率(%) |||||||||||
|---|---|---|---|---|---|---|---|---|---|---|---|
| | 26.5(mm) | 19.0(mm) | 16.0(mm) | 13.2(mm) | 9.5(mm) | 4.75(mm) | 2.36(mm) | 1.18(mm) | 0.6(mm) | 0.3(mm) | 0.15(mm) | 0.075(mm) |
| 合成 | 100 | 93.8 | 80.6 | 69.7 | 51.7 | 29.8 | 21.8 | 17.1 | 12.1 | 9.1 | 7.3 | 5.0 |
| 上限 | 100 | 100 | 88 | 76 | 59 | 35 | 27 | 21 | 17 | 13 | 10 | 8 |
| 下限 | 100 | 90 | 75 | 62 | 45 | 24 | 17 | 14 | 9 | 6 | 4 | 3 |
| 中值 | 100 | 95 | 81.5 | 69 | 52 | 29.5 | 22 | 17.5 | 13 | 9.5 | 7 | 5.5 |

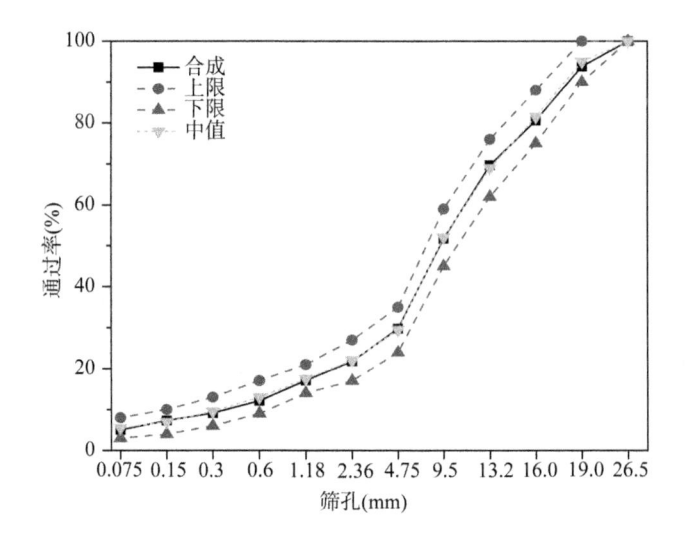

图7.3 生产配合比级配曲线

## 7.3.3 生产配合比设计确定及最佳油石比

生产配合比设计时分别采用4.8％、5.1％、5.4％的油石比进行马歇尔试验，测定各组试件的毛体积密度、空隙率、矿料间隙率、饱和度、稳定度、流值与油石比的关系曲线，分别如图 7.4 所示。

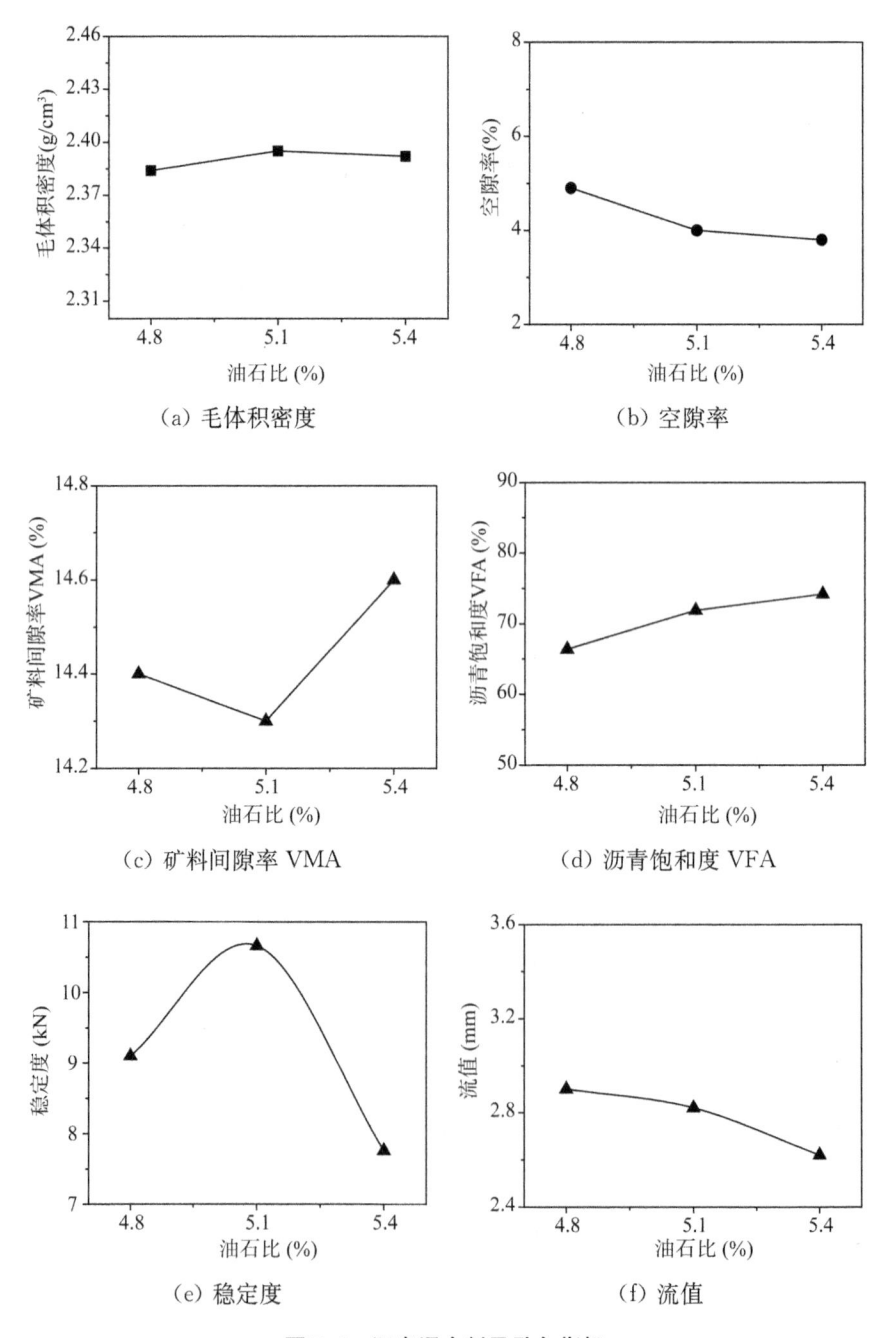

(a) 毛体积密度

(b) 空隙率

(c) 矿料间隙率 VMA

(d) 沥青饱和度 VFA

(e) 稳定度

(f) 流值

图 7.4　沥青混合料马歇尔指标

从图 7.4 可知,试件毛体积相对密度最大值对应的油石比为 5.10%,稳定度最大值对应的油石比为 5.10%,空隙率中值对应的油石比为 5.10%,沥青饱和度中值未达到,则 $OAC_1=(a_1+a_2+a_3)/3=5.10\%$,各指标均符合沥青混合料技术标准最小值 $OAC_{min}=4.98\%$,各指标均符合沥青混合料技术标准最大值 $OAC_{max}=5.37\%$,$OAC_2=(OAC_{min}+OAC_{max})/2=5.18\%$,$OAC=(OAC_1+OAC_2)/2=5.14\%$,最终确定最佳油石比 OAC 为 5.10%。

### 7.3.4 生产配合比设计性能检验

对最佳油石比 OAC 为 5.10%时的橡胶/SBS 复合改性沥青混合料的各项性能检验,其结果如表 7.13 所示,结果表明本次采用的生产配合比符合要求。

表 7.13 配合比性能检验

| 项目 | 残留稳定度(%) | 冻融劈裂强度比(%) | 动稳定度(次/mm) | 渗水系数(mL/min) |
|---|---|---|---|---|
| 结果 | 88.2 | 89.3 | >6 000 | 89 |
| 要求 | ≥85 | ≥80 | ≥4 000 | ≤120 |
| 判定 | 合格 | 合格 | 合格 | 合格 |

## 7.4 沥青混合料的生产配合比影响因素

### 7.4.1 料仓出料速度

沥青混合料生产时需要对冷料仓计量系统标定,其目的是掌握各冷料仓的流量与集料规格、冷料仓出料口开启宽度及高度、小皮带轮转速等之间的关系。通常冷料仓计量标定可采用以下流程:首先测定料仓大皮带轮的转速,然后根据采用的集料粒径及比例初步选定小皮带轮转速,再对各料仓逐一取料,称重测定,最后计算各冷料仓在对应小皮带轮转速下的干集料流量。

沥青混合料施工所用的石料等原材料级配具有一定的变异性,但其级配变化较大时,按照比例进入拌和楼的矿料也会产生变动,从而影响了混合料的生产。因此,沥青混合料生产时需要对其级配监测,当发现级配偏差时,需要进行调整,并通过调整冷料仓的矿料流量与皮带轮转速的关系,重新设定冷料仓的转速,以确保目标级配与冷料仓出料级配的一致性。

当冷料仓出料速度确定后,根据确定的各冷料仓小皮带轮转速进行正常生产,待生产稳定后(一般为 30 min),拌和楼暂停工作,将各热料仓的集料逐仓排空,用铲车(或运料车)收集完全后逐档过磅,根据过磅质量反算各热料仓集料的供料比例。从各档热料中取料进行筛分试验确定各自的级配,结合各热料仓集料的供料比例进行热料级配曲线的合成,若与目标配合比合成级配存在较大偏差,不满足生产配合比调试要求的,则应根据各档冷集料对各热料仓集料的贡献率进行冷集料供料比例的调整,重复上述过程,直至热料仓集料的合成级配能够满足生产配合比调试目标又不出现明显的等料、溢料现象。

### 7.4.2 振动筛网

在高速公路工程中,为确保沥青混凝土路面施工质量,需要确定沥青混凝土拌和楼振动筛筛孔设置标准。通常情况下,常用的间歇式拌和楼,其振动筛网与热仓主要有二层 3 仓式、二层 4 仓式和三层 5 仓式等类型。每一个热仓都与一种规格的筛孔相对应,因此,二层 3 仓式拌和楼会有三种规格的振动筛网。振动筛筛孔的合理选用能有效避免热料仓溢料和等料现象,提高拌和楼的生产效率,这对沥青混合料的生产配合比设计具有重要意义。在选择热料仓筛网时,应根据沥青混合料的目标配合比合成级配曲线图进行选择,通常来说,振动筛网的最小筛孔应不大于 4 mm,最大筛孔为最大粒径筛孔,中间筛孔可以根据平衡原理进行确定。同时拌和楼振动筛的布设须有一定倾角,使矿料能完全筛分。在《公路沥青路面施工技术规范》(JTG F40—2004)中将公称最大粒径 4.75 mm、2.36 mm、0.075 mm 以及公称最大粒径的半数筛孔尺寸作为关键筛孔。为了保证沥青混合料的生产质量,通常关键筛孔的通过率应该保证稳定。

### 7.4.3 沥青用量变异性

沥青混合料的组成指标对混合料的性能具有很大影响,其值的大小将关系到沥青混合料的力学性能、抗高温、抗低温、耐久性等指标。适当增加沥青用量可以改善沥青混凝土的黏结力和强度,提高动稳定性,但当超过最佳沥青用量时,增加沥青用量就会产生自有的沥青,从而减少内部骨料的内摩阻力和稳定性,动稳定性下降。当沥青用量过少时,沥青膜不足以裹覆矿料的全部外表;当沥青全部裹覆矿料的外表时,沥青膜过薄,导致矿料间的黏结力降低,动稳定性下降。沥青用量的变化对动稳定性影响很大,动稳定性与沥青用量之间存在最佳值关系。

国外研究表明,沥青含量的微小增加可显著减少混合料的离析现象。在沥青混合料设计时,建议沥青含量选为最佳沥青用量+0.2%。根据工程实践可知,当实际沥青含量偏离0.3个百分点时,会明显影响混合料的使用性能。因此,合理控制沥青用量对保证混合料性能具有重要意义。

## 7.5 本章小结

通过对橡胶复合改性沥青混合料的生产配合比的设计和影响因素分析,得到如下结论:

(1) 通过橡胶复合改性 AC-13 配比试验,得出了 RAC-13 的最佳油石比为 5.70%,沥青混合料试验研究表明,橡胶复合改性 RAC-13 混合料的路用性能均满足设计要求。

(2) 通过橡胶复合改性 AC-20 配比试验,得出了橡胶/SBS 复合改性 RAC-20 的最佳油石比为 5.10%,沥青混合料试验研究表明,橡胶复合改性 RAC-20 混合料的路用性能均满足设计要求。

(3) 沥青混合料生产时,其料仓出料速度、振动筛网的布设及沥青用量变异性会对混合料性能造成影响,在配合比设计时,需要对以上影响因素进行分析和优化。

# 第 8 章

## 橡胶/SBS 复合改性沥青路面施工关键工艺

针对橡胶/SBS复合改性沥青的特点,结合试验工程,开展橡胶/SBS复合改性沥青路面施工关键工艺的系统研究,主要包括施工质量保证措施,施工准备,拌和、运输、压实及接缝处理,施工质量及后续工艺推荐,施工安全保证措施,经济社会效益等,以确保橡胶/SBS复合改性沥青路面施工质量。

## 8.1　试验工程概况

橡胶/SBS复合改性沥青混合料应用工程为宜春至遂川高速公路新建工程项目。该项目起于宜春市袁州区新田镇汉塘里村附近(与宜春市城区三阳至新田段新建工程终点相接),终于遂川县堆子前镇移山村附近。路线途经袁州区、安福县、永新县、泰和县、井冈山市、遂川县,路线全长196 km。本项目主线采用双向四车道的高速公路标准,设计速度为100 km/h。

宜遂高速公路设计施工总承包SSA标段路面分部起讫桩号为K1+200～K75+120,长73.92 km,本标段起于宜春市袁州区新田镇汉塘里村以东40 m附近,途经宜春市袁州区的新田镇、西村镇、湖田镇、三阳镇石家屯油茶林场、珠泉街道、南庙镇、洪江镇和吉安市安福县的章庄乡、严田镇、洋溪镇等11个乡镇(街道),与宜遂高速公路宜春城区三阳至新田段新建工程相接,路线总体向南延伸,终于安福县洋溪镇。项目工程的路面结构类型如图8.1所示。

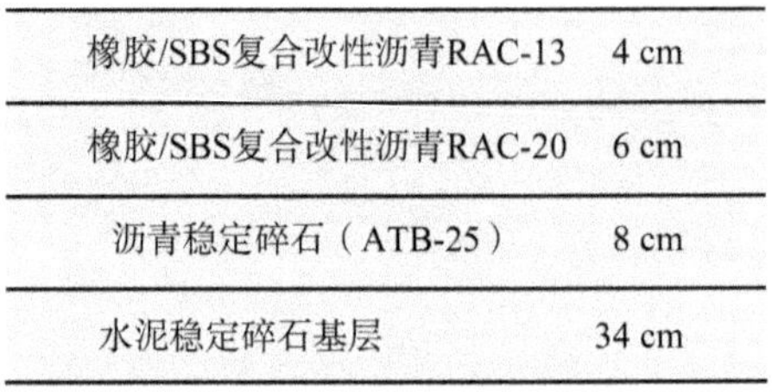

| | |
|---|---|
| 橡胶/SBS复合改性沥青RAC-13 | 4 cm |
| 橡胶/SBS复合改性沥青RAC-20 | 6 cm |
| 沥青稳定碎石（ATB-25） | 8 cm |
| 水泥稳定碎石基层 | 34 cm |

图 8.1　路面结构示意图

## 8.2　施工质量保证措施

本次施工采用的质量保证措施如下：

（1）执行预先控制性管理。对工程建设过程中可能发生的问题提前预判，执行严格周密的纠正和预防措施；狠抓混凝土质量通病及其他公路工程质量通病的治理。

（2）加强工程质量全过程控制，严把"六关"，即工程材料进场关、机械设备准入关、分部分项工程开工审批关、拌和站作业关、试验检测关、成品验收关。

（3）施工前，组织技术人员认真会审设计文件和图纸，切实了解和掌握工程的要求和施工的技术标准。

（4）开工前要做好部位、工序的技术交底工作，严格按照质量体系规定的内容做好技术交底，使各级施工人员清楚地掌握施工部位、施工工序、施工工艺、技术规范要求，对特殊和重点部位要真正做到心中有数，确保施工操作的准确性和规范性。

（5）工程施工实行现场标牌管理，标示牌上注明分项工程作业内容、简要工艺和质量要求、施工及质量负责人姓名等。

（6）加强对施工人员的专业技术培训，健全岗位责任制，由技术熟练、经验丰富的职工从事技术复杂、难度大、精度高的工序或操作。

（7）根据不同工艺特点和技术要求，选用满足施工要求的机械设备，健全各项机械管理制度，确保机械设备处于最佳使用状态。

（8）通过严把过程检验关、试验关，保证工程施工的每一段、每个部位的质量在施工过程中处于受控状态。严格按照"过程检验和试验控制程序"的内容和要求保证三级验收制度的效能,及时组织质检员、施工人员和有关技术人员对各工序进行自检,并按检验点分类和有关规程规范进行检验、试验、标识和记录,对出现的问题及时组织有关人员进行研究分析,制定纠正和预防措施,以确保达到工程实施效果。及时通知业主和监理单位,经现场认可后,才能进行下一工序的施工。

(9) 在施工过程中,试验人员应在场随时进行各项试验检测,根据检测结果及时调整施工参数,实行动态控制,保证施工质量符合设计及规范要求。

(10) 保证施工中的资料完整齐全。

## 8.3 施工准备

### 8.3.1 下承层检查验收

根据《公路工程质量检验评定标准 第一册 土建工程》(JTG F80/1—2017)要求对下承层进行检查验收,对不符合要求的地方及时采取措施处理。

开始摊铺前应对下承层进行清扫,冲洗干净,沥青混凝土空隙中不得有泥沙,清除下承层上的"油饼",对于局部被水泥浆污染的地方要喷洒适量黏层沥青。

桥面精铣刨检查验收:对铣刨面的缺陷进行及时处理,如遇松散部位,应采用人工将松散部分剔除,以确保清理表层水泥混凝土浆体,松散部位清除后剩余凹坑应采用环氧树脂修复。彻底清扫铣刨面,用高压气将表面浮尘吹净,确保铣刨裸露面洁净、干燥,然后再进行下封层施工。

### 8.3.2 黏层油喷洒

喷洒应均匀,确保黏层洒布量为 0.4 kg/m²。喷洒时沿路基纵向匀速喷洒乳化沥青,从横向来看,先洒布靠近中央分隔带的一个车道,由内向外,一个车道接着一个车道地喷洒,下一个车道与前一个车道原则上不重叠或少重叠。保证不漏洒,对漏洒处应采用人工机械喷洒设备补洒。

### 8.3.3 测量放样

测量工程师根据施工图恢复中、边线,根据中线确定出结构层的设计宽度,直线段每 20 m 设 1 个放样点,超高路段每 10 m 设 1 个放样点,样点间用白灰画出一条标准的施工基线,作为摊铺机摊铺的基准线。

### 8.3.4 沥青混合料调试与生产

(1)沥青混合料目标配合比设计完成后,主要工作是沥青混合料的调试和生产。要做到生产与室内试验相一致,应把好两个质量关,一是原材料质量关,二是拌和机的生产质量关。

(2)把好原材料质量关,采取预防为主的措施,对进场的粗细集料和填料质量,从源头抓起,对不合格的矿料不准运进拌和厂。堆放各种矿料的地坪必须硬化,并且有良好的排水系统,避免材料污染。各品种材料间用墙体隔开,以免相互混杂。

(3)拌和机生产质量控制,主要控制拌和机计量系统。本项目使用的是德基 5000 型和 4000 型间歇式沥青拌和楼,其自动化程度高,计量准确稳定,从送料、烘干到计量、拌和均能自动控制。拌和机计量控制主要是抓冷料的供给,其目标是调整确保在单位时间内始终均匀地保持有与目标配合比相同比例的集料进入拌和机,只有按配合比进料,才能保证集料级配的准确。此外,拌和时间也是必须考虑的一个方面,拌和时间不仅决定了拌和产量,而且与沥青混合料的质量有很大关系。应保证拌和出的沥青混合料均匀一致,无离析、无花白现象。

(4)橡胶粉复合改性沥青最好是当天生产,当天使用,可 24 h 存放。如有其他原因,可降到 140~145℃存放,存放不能超过 3 天。使用时重新升温到 180~190℃,要测黏度,黏度不够时加胶粉反应 45 min。橡胶粉复合改性沥青冷却后再加热,允许两个再加热周期,但其技术指标必须符合规定要求,包括最小黏度要求。

## 8.4 拌和、运输、压实及接缝处理

### 8.4.1 拌和

本项目使用的是 LB-4000 型间歇式沥青拌和楼,拌和时,严格控制橡胶/SBS 复合改性沥青和集料的加热温度以及橡胶粉复合改性沥青混合料的出厂温度。集料温度应比沥青高 10~30℃,热混合料成品在贮料仓储存后,其温度下降不应超过 10℃。橡胶/SBS 复合改性沥青混合料的生产温度控制范围应符合相关规定。

拌和楼控制室逐盘打印沥青及各种矿料的用量、拌和温度、沥青混合料生产量等各项参数;每个台班结束时,打印出一个台班的统计量,进行沥青混合料生产质量及铺筑厚度的总量检验。当总量检验数据有异常波动时,应立即停止生产,并分析原因。定期对拌和楼的计量和测温进行校核;没有材料用量和温度自动记录装置的拌和设备不得使用。

拌和时间经过试拌,确定为 55 s(其中干拌 10 s,湿拌 45 s)。必须使所有集料颗粒全部裹附沥青结合料,并与沥青混合料拌和均匀。

注意目测检查混合料的均匀性,及时分析异常现象,如混合料有无花白、冒青烟和离析等现象。如确认是质量问题,应做废料处理并及时予以纠正。

每天上午、下午各取一组混合料试样做马歇尔试验,用抽提筛分试验检验油石比、矿料级配。每天施工结束后,用拌和楼打印的各料数量,以各仓用量及各仓级配计算平均施工级配、油石比,与施工路面厚度和抽提结果进行校核。每周分析一次检测结果,计算油石比、各级矿料通过量和沥青混合料物理力学指标检测结果的标准差和变异系数,检验生产是否正常。

严格掌握沥青和集料的加热温度以及沥青混合料的出厂温度。橡胶粉复合改性沥青混合料的施工温度控制范围如表 8.1 所示。

表 8.1　橡胶粉复合改性沥青路面施工温度要求

| 工序 | 控制温度（℃） | 测量部位 |
| --- | --- | --- |
| 胶粉复合改性沥青加热温度 | 175～180 | 沥青加热罐 |
| 集料加热温度 | 185～200 | 热料提升机 |
| 混合料出料温度 | 175～185 | 运料车 |
| 混合料最高温度 | ≤195 | 运料车 |
| 摊铺温度 | ≥165 | 摊铺机 |
| 初压开始温度 | ≥160 | 摊铺层内部 |
| 复压最低温度 | ≥140 | 碾压层内部 |
| 碾压终了温度 | ≥120 | 碾压层表面 |
| 开放交通温度 | ≤50 | 路表面 |

注：① 所有检测用温度计应采用半导体数显温度计并及时送当地计量部门检定，或在监理监督下用标准温度计标定；② 所有温度检测均应按正确的方法操作，避免温度计探头位置不当使测得温度不真实。

拌和楼控制室要逐盘打印沥青及各种矿料的用量和拌和温度，并定期对拌和楼的计量和测温进行校核。

拌和时间由试拌确定。必须使所有集料颗粒全部裹附沥青结合料，并以沥青混合料拌和均匀为度，干拌时间不少于 10 s，湿拌时间不少于 45 s。

要目测检查混合料的均匀性，及时分析异常现象，如混合料有无花白、冒青烟和离析等现象。如确认是质量问题，应作废料处理并及时予以纠正。在生产开始以前，有关人员要熟悉本项目所用各种混合料的外观特征，这要通过细致地观察室内试拌的混合料而取得。

每台拌和楼每天上午、下午各取一组混合料试样做马歇尔试验和抽提筛分试验，检验油石比、矿料级配和沥青混合料的物理力学性质。每周应检验 1～2 次残留稳定度。

试验室每天对热料仓矿料进行水洗筛分并合成校核级配，对生产配合比集料掺配比例进行微调，确保混合料级配符合技术要求。

每天施工结束后，根据拌和楼打印的各仓料数量，进行总量控制。根据各仓用量及各仓筛分结果，在线检查矿料级配；计算平均施工级配和油石比，与设计结果进行校核；根据每天产量计算平均厚度，与路面设计厚度进行校核。

橡胶粉复合改性沥青混合料宜随拌随用,成品储料仓应有沥青滴漏功能,储存时间不宜超过 10 h,存储过程中温降不得大于 10℃。

## 8.4.2 运输

橡胶/SBS复合改性沥青混合料宜采用 55 t 大吨位的自卸车辆运输,车辆的数量应与摊铺机的数量、摊铺能力、运输距离相适应,在摊铺机前应形成一个不间断的供料车流。

运料车使用前后应打扫干净,在车厢板上涂刷沥青隔离剂或防黏剂,确保不得有余液积聚在车厢底部。

采用数字显示插入式热电偶温度计检测橡胶粉复合改性沥青混合料的出厂温度和运输到现场的温度。插入深度要大于 15 cm。在运料卡车侧面中部设专用检测孔,孔口距车厢底面约 30 cm。

拌和楼向运料车卸料时,汽车应前、后、中移动三次装料,挡板较高时应分 2 层装料,以减少粗集料的离析现象。

橡胶/SBS复合改性沥青混合料在运输过程中车厢侧面和底面采用棉被或泡沫板包裹保温,顶面采用棉被和篷布双层覆盖。

橡胶/SBS复合改性沥青混合料运输车的运量应比拌和能力和摊铺速度有所富余,摊铺机前方应不得少于 3 辆运料车等候卸料,确保不发生停机待料现象。

橡胶/SBS复合改性沥青混合料运至摊铺现场后,质检员应检查其质量,混合料温度应符合有关规定。

橡胶/SBS复合改性沥青混合料运料车装有自动篷布覆盖设施,其在卸料过程中不得掀开,避免温度损失或污染环境。

连续摊铺过程中,运料车在摊铺机前 10～30 cm 处停住,不得撞击摊铺机。卸料过程中运料车应挂空挡,依靠摊铺机推动前进。

## 8.4.3 摊铺

本次试验段采用设有自动找平装置的中大 DT2000 型摊铺机一次半幅全宽铺筑,摊铺机配有非接触式平衡梁(能自动找平),并配有振幅与频率可调的熨平板装置。摊铺机应与拌和楼的生产能力相匹配。

连续稳定地摊铺橡胶/SBS复合改性沥青混合料，是提高路面平整度的最主要措施。对于橡胶粉复合改性沥青混合料，摊铺机的摊铺速度根据拌和楼的产量、施工机械配套情况及摊铺厚度、摊铺宽度计算所得数据，本试验段拟定按1～3 m/min予以调整选择，做到缓慢、均匀、不间断地摊铺。工作人员用餐应分批轮换交替进行，严禁停铺用餐，确保做到每天收工停机一次。

橡胶/SBS复合改性沥青混合料未压实前，施工人员不得进入踩踏。尽量做到不用人工整修，只有在特殊情况下，如局部离析情况，须在现场管理人员指导下，允许用人工找平或更换混合料，缺陷较严重时应予铲除，并及时调整摊铺机或改进摊铺工艺。

橡胶/SBS复合改性沥青混合料摊铺厚度和平整度由找平系统控制，密切注意平衡梁的黏料情况，发现黏料时及时清除，防止产生拉痕；摊铺过程中随时检查摊铺层厚度及路拱、横坡。

摊铺机应调整到最佳工作状态，调好仰角，仰角要匀速缓慢调整，以避免薄厚不均；调好螺旋布料器两端的自动料位器，并使料门开度、链板送料器的速度和螺旋布料器的转速相匹配。螺旋布料器内材料应以略高于螺旋布料器2/3为度，使熨平板的挡板前混合料的高度在全宽范围内保持一致，避免摊铺层出现离析现象。如出现局部离析及明显欠缺部位，应安排专有人工撒布细料适当补平。

适当加大摊铺机的夯锤振捣频率，提高初始压实度，初步拟定松铺系数为1.25。摊铺前熨平板应预热至130℃以上。摊铺机熨平板必须拼接紧密，不许存有缝隙，防止卡入粒料将铺面拉出条痕。

摊铺时遇雨立即停止施工，并清除未压实成型的混合料；遭受雨淋的混合料应废弃，不得卸入摊铺机摊铺。

幅宽超过12 m以上时采用多台摊铺机梯队作业，每台摊铺机的拼接宽度要合理。两机前后间隔距离控制在5～8 m，摊铺面搭接控制在5～10 cm。

要尽量减少摊铺机料斗拢料次数，拢料时避免料斗拉空，一定要留有一定高度的混合料，以减少面层离析。

摊铺机应安装数智显示屏，可实时显示摊铺速度、松铺厚度和温度。

### 8.4.4 压实

（1）橡胶/SBS复合改性沥青混合料的压实是保证表面层质量的重要环节，应选择合理的压路机组合方式及碾压步骤。为保证压实度和平整度，初压应在混合料不产生推移、开裂等情况下进行，并尽量在摊铺后较高温度下进行。在石料易于压碎的情况下，原则上钢轮压路机不开振，以轮胎压路机碾压为主。

（2）本次试验段压路机配备3台13 t双钢轮压路机和4台37 t胶轮压路机。胶轮压路机均安装自动喷隔离剂装置，所有压路机应安装自动刹车防撞装置。

（3）开始摊铺时，所有压路机应在彩条布或土工布上进行防污染和防黏轮处理。

（4）橡胶/SBS复合改性沥青混合料的压实应分为初压、复压与终压三个阶段，各阶段碾压一律遵循紧跟慢压及"先轻后重、先低后高、紧跟慢压、高频低幅"的原则；碾压温度应符合相关规定。采用振动压路机时，压路机轮迹重叠宽度为10~20 cm；采用胶轮压路机时，压路机轮迹重叠1/3~1/2的碾压宽度；采用双钢轮压路机时，相邻碾压带应重叠后轮的1/2且不小于20 cm。

（5）本次橡胶/SBS复合改性沥青混合料RAC-13C表面层试验段拟采取两种碾压方案：采用高频低幅、紧跟慢压的方式进行。压路机分为两列三排，第一排2台双钢轮压路机紧跟摊铺机，不得碰撞摊铺机，后退长度不超过30 m。第二排2台胶轮压路机分别紧跟前排2台双钢轮压路机，与之同进同退，后退长度不超过45 m。第三排2台胶轮压路机进行全断面紧跟补压，最后1台双钢轮压路机尽可能在较高温度下采用静压收光至无轮迹印，长度控制在70 m。

K61+229~K61+584右幅橡胶粉改性沥青混凝土表面层试验段采用两种碾压方案分别进行碾压，分别如表8.2所示。

**表8.2 试验段碾压方案**

| 方案一 | 初压 | 2台双钢轮压路机振压2遍，速度2~3 km/h |
|---|---|---|
| | 复压 | 2台胶轮压路机碾压2遍，速度3~5 km/h；2台胶轮压路机碾压1遍，速度3~5 km/h |
| | 终压 | 1台双钢轮压路机静压收光1遍，速度3~6 km/h |

续表

| 方案二 | 初压 | 2台双钢轮压路机静压1遍、振压1遍,速度2~3 km/h |
|---|---|---|
| | 复压 | 2台胶轮压路机碾压2遍,速度3~5 km/h;2台胶轮压路机碾压2遍,速度3~5 km/h |
| | 终压 | 1台双钢轮压路机静压收光2遍,速度3~6 km/h |

(6)初压、复压与终压都在尽可能高的温度下进行,严禁在低温状态下反复碾压,以防使石料棱角磨损、压碎,破坏集料嵌挤效果及沥青膜。压路机由低向高处碾压,相邻碾压带应重叠1/3~1/2轮宽。压路机以缓慢而均匀的速度碾压,做到不急加减速或转弯,初压和复压压路机同进同出(图 8.2)。

图 8.2 沥青混合料压实

(7)碾压时对初压、复压、终压段设置明显标志,便于司机辨认。对松铺厚度、碾压顺序、压路机组合、碾压遍数、碾压速度及碾压温度设专岗管理和检查,避免出现漏压或过压现象。

(8)施工时严禁压路机在未碾压成型及未冷却的路段上调头、停车加水、加油等候,振动压路机在已成型的路面上行驶时应关闭振动。

(9)橡胶/SBS复合改性沥青混合料碾压应遵循先轻后重、先慢后快的原则,压路机振动时,采用高频低幅的振动方式进行碾压,振动的振幅与运行速度相配合,以免出现波浪。在压路机已经启动后再开启振动,以免在同一位置振动过多,产生凹陷和突起。

(10)碾压时,为了防止混合料黏附在轮子上,适当地洒水使轮子保持潮湿,洒水呈雾状,严禁洒柴油,压实完成后进行交通封闭,路表温度低于50℃

后再开放交通。

为避免碾压时混合料推挤产生拥包,碾压时应将驱动轮朝向摊铺机;碾压路线及方向不应突然改变;压路机起动、停止必须减速缓行,不准刹车制动。压路机折回不应处在同一横断面上。

初压应紧跟摊铺机进行碾压,随摊铺机逐步推进。复压、终压应分清段落,设置明显标志,便于机手和现场管理人员辨认。对松铺厚度、碾压顺序、压路机组合、碾压遍数、碾压速度及碾压温度应设专岗管理和检查,使面层做到既不漏压也不超压。

## 8.4.5 接缝处理

横向接缝在沥青路面施工中最常见,主要指日常施工中的工作缝,也指由于多种原因导致摊铺中断,待情况消除后再开始摊铺而设置的接缝。横向接缝的关键是混合料的温度变化。温度太高,很容易产生混合料推移,温度太低;横缝不能压实,易造成早期路面损坏。横缝碾压温度一般比正常碾压温度低 5~10℃。

本次橡胶粉复合改性沥青面层试验段施工中,拟采用平接缝方式。

碾压完成后,用 6 m 直尺沿纵向位置伸出端部 3 m 呈悬臂状,在最大间隙 3 mm 处确定接缝位置,用切缝机割齐后铲除;继续摊铺时,将摊铺层切缝时留下的灰浆冲洗干净,涂上少量黏层沥青,摊铺机熨平板从接缝处起步摊铺;碾压时用双钢轮压路机进行横向压实,从先铺路面上跨缝逐渐移向新铺面层;相邻两幅的横向接缝应错开 1 m 以上,与下部结构层的横向接缝应错开 1 m 以上。

横向接缝的碾压,先用双钢轮压路机进行横向碾压。碾压时压路机应位于已压实的沥青混合料层上,伸入新铺层的宽度为 15 cm。然后每压一遍,向新铺沥青混合料移动 15~20 cm,直至全部在新铺层上为止,再改为纵向碾压。

## 8.5 施工质量及后续工艺推荐

### 8.5.1 施工质量检测

1. RAC-13 施工质量

经过各环节的精细化控制,试验段铺面均匀、密实,外观质量良好,如图8.3所示。对试验段的压实度、厚度、宽度、平整度等指标进行现场检测,其结果如表8.3所示。经试验段检测,各项指标满足设计及《公路沥青路面施工技术规范》(JTG F40—2004)、《公路工程沥青及沥青混合料试验规程》(JTG E20—2011)、《公路工程施工安全技术规范》(JTG F90—2015)、《公路工程质量检验评定标准》(JTG F80/1—2017)的要求。

图8.3 施工外观

表8.3 橡胶复合改性沥青RAC-13试验段检测

| 序号 | 检测指标 | 检测点数(个) | 合格点数(个) | 合格率(%) |
| --- | --- | --- | --- | --- |
| 1 | 压实度 | 2 | 2 | 100 |
| 2 | 厚度 | 2 | 2 | 100 |
| 3 | 宽度 | 10 | 10 | 100 |

续表

| 序号 | 检测指标 | 检测点数(个) | 合格点数(个) | 合格率(%) |
|---|---|---|---|---|
| 4 | 平整度 | 6(测区) | 6(测区) | 100 |
| 5 | 高程 | 12 | 12 | 100 |
| 6 | 横坡度 | 6 | 6 | 100 |
| 7 | 中线偏位 | 10 | 10 | 100 |
| 8 | 弯沉 | 72 | 72 | 100 |
| 9 | 渗水系数 | 3 | 3 | 100 |
| 10 | 构造深度 | 3 | 3 | 100 |
| 11 | 摩擦系数 | 3 | 3 | 100 |

**2. RAC-20 施工质量**

经过各环节的精细化控制，试验段铺面均匀、密实，外观质量良好。对试验段的压实度、厚度、宽度、平整度等指标进行现场检测，其结果如表 8.4 所示。经试验段检测，各项指标满足设计及《公路沥青路面施工技术规范》(JTG F40—2004)、《公路工程沥青及沥青混合料试验规程》(JTG E20—2011)、《公路工程施工安全技术规范》(JTG F90—2015)、《公路工程质量检验评定标准》(JTG F80/1—2017)的要求。

表 8.4 橡胶复合改性沥青 RAC-20 试验段检测

| 序号 | 检测指标 | 检测点数(个) | 合格点数(个) | 合格率(%) | 备注 |
|---|---|---|---|---|---|
| 1 | 压实度 | 4 | 4 | 100 | |
| 2 | 厚度 | 4 | 4 | 100 | |
| 3 | 宽度 | 14 | 14 | 100 | |
| 4 | 平整度 | 9 | 9 | 100 | |
| 5 | 高程 | 16 | 16 | 100 | |
| 6 | 横坡度 | 8 | 8 | 100 | |
| 7 | 中线偏位 | 14 | 14 | 100 | |
| 8 | 弯沉 | 96 | 96 | 100 | |
| 9 | 渗水系数 | 3 | 3 | 100 | |

## 8.5.2 大规模施工工艺推荐

1. RAC-13 施工工艺推荐

根据本次试验段的试验结果,可知各项指标均满足规范要求,后续大规模施工时的工艺推荐如下:

(1) 橡胶/SBS 复合改性沥青混凝土表面层(RAC-13)生产配合比推荐如表 8.5 所示。

表 8.5 橡胶/SBS 复合改性沥青 RAC-13 生产配合比

| 级配类型 | 12~17 mm 的碎石 | 7~12 mm 的碎石 | 4~7 mm 的碎石 | 0~4 mm 的机制砂 | 矿粉 | 油石比 |
|---|---|---|---|---|---|---|
| RAC-13C | 28% | 38% | 4% | 26% | 4% | 5.7% |

(2) 施工机械配置(包括机械数量及组合方式)

沥青拌和设备采用三一重工 LB-4000 型间歇式拌和楼,沥青混合料每盘拌和时间为 60 s(其中干拌时间 10 s,湿拌时间 50 s)。采用一台中大 DT2000 型摊铺机半幅全宽摊铺作业,平均摊铺速度在 2.5 m/min,摊铺机采用非接触式平衡梁控制路面高程和厚度。

(3) 压路机的压实顺序、碾压温度、碾压组合方式及压实效果

该试验路段采用两种碾压方案分别进行碾压,根据试验结果确定两种碾压方式均能达到压实效果。根据现场实际观察,方案一碾压方式的轮迹消除效果不太理想,最终确定采用方案二的碾压方式用于指导后续施工。推荐的碾压方案如表 8.6 所示。

表 8.6 推荐的碾压方案

| 方案选定 | 碾压阶段 | 压实设备型号 | 碾压遍数 | 碾压速度(km/h) |
|---|---|---|---|---|
| 方案二 | 初压 | 悍马 HD138(2 台) | 静压 1 遍,振压 1 遍 | 2~3 |
| | 复压 | 徐工 XP370(2 台) | 各 2 遍 | 3~5 |
| | | 徐工 XP370(2 台) | 各 2 遍 | 3~5 |
| | 终压 | 宝马 BW202(1 台) | 静压 2 遍 | 3~6 |

(4) 松铺系数的确定

根据现场实测得出橡胶/SBS复合改性沥青表面层(RAC-13C)松铺系数为1.25。

2. RAC-20施工工艺推荐

通过本次试验确定了以下主要项目内容,为后续大面积施工提供依据。

(1) 根据本次试验段的试验结果,可知各项指标均满足规范要求,橡胶粉复合改性沥青混凝土下面层(RAC-20C)生产配合比如表8.7所示。

表8.7 橡胶/SBS复合改性沥青RAC-20生产配合比

| 混合料类型 | 矿粉 | 0~4 mm的机制砂 | 4~7 mm的碎石 | 7~12 mm的碎石 | 12~17 mm的碎石 | 17~22 mm的碎石 | 油石比 |
|---|---|---|---|---|---|---|---|
| RAC-20C | 3 | 24 | 7 | 18 | 21 | 27 | 5.0 |

(2) 施工机械配置(包括机械数量及组合方式)

沥青拌和设备采用三一重工LB-4000型间歇式拌和楼,沥青混合料每盘拌和时间为55 s(其中干拌时间10 s,湿拌时间45 s)。采用一台中大DT2000型摊铺机半幅全宽摊铺作业,平均摊铺速度在2.5 m/min,摊铺机采用非接触式平衡梁控制路面高程和厚度。推荐的机械配置,包括机械数量及组合方式如表8.8所示。

表8.8 推荐的碾压方案

| 方案选定 | 碾压阶段 | 压实设备型号 | 碾压遍数 | 碾压速度(km/h) |
|---|---|---|---|---|
| 方案二 | 初压 | 悍马HD 137(2台) | 各1遍 | 2~3 |
| | 复压 | 悍马HD 137(2台) | 各1遍 | 3~5 |
| | | 徐工XP370(2台) | 各3遍 | 3~5 |
| | | 徐工XP370(1台) | 碾压1遍 | 3~5 |
| | 终压 | 宝马双钢轮压路机(1台) | 静压2遍 | 3~6 |

(3) 松铺系数的确定

根据现场实测得出橡胶粉复合改性沥青下面层(RAC-20C)松铺系数为1.28。

## 8.6 施工安全保证措施

### 8.6.1 路面摊铺施工中采取的安全措施

（1）沥青操作人员均应进行体检。凡患有结膜炎、皮肤病及对沥青有过敏反应者，不宜从事沥青作业。从事沥青作业人员，皮肤外露部分均须涂抹防护药膏。工地上应配有医务人员。

（2）沥青操作工的工作服及防护用品，应集中存放，严禁穿戴回家和进入集体宿舍。

（3）沥青混合料摊铺机的摊铺作业，应遵守下列规定：

① 沥青混凝土铺装前，应听取天气预报，避开阴雨天施工。若遇上雨天，已经摊铺的沥青混凝土要在雨前及时碾压封层，未来得及碾压而被雨水浸泡的沥青混凝土要在雨后铲除。雨天因视线条件较差，施工人员要与施工机械保持一定的安全距离；路面半幅施工时，应事先与交通部门做好沟通，发布路面限行的通告，在施工路段设置警示标志、标牌、行车诱导标志等，并安排专职人员疏导交通。

② 施工现场必须做好交通安全工作，施工区段应进行封闭，严禁非施工车辆入内。交通繁忙的路口应设置警示标志，并设专人指挥。夜间施工，路口及基准桩附近应设置警示或反光标志，灯光必须明亮且无任何阴暗角落，照明须设专人管理。

③ 卸料车卸料和交通导流要设有专人负责指挥和管理，并有专人负责指挥摊铺机摊铺作业。

④ 路口处施工要有专人负责指挥和管理。临时封闭交通，要设专人负责指挥社会车辆。等铺装完毕后，及时洒水降温，路面温度冷却后方可恢复交通。

⑤ 现场所有操作人员必须按规定佩戴合格的防护用具。

⑥ 驾驶台及作业现场要视野开阔，清除一切有碍工作的障碍物。作业时无关人员不得在驾驶台上逗留。驾驶员不得擅离岗位。

⑦ 运料车向摊铺机卸料时，须设专人指挥，保证车辆协调动作、同步行

进,防止互撞。

⑧ 施工车辆进入现场后行驶速度控制在 20 km/h 内,摊铺机工作前后 100 m 设立限速施工标志,限速 5 km/h,避免车辆高速行驶造成交通事故。

⑨ 换挡必须在摊铺机完全停止时进行,严禁强行挂挡和在坡道上换挡或空挡滑行。

⑩ 熨平板预热时,应控制热量,防止因局部过热而变形。加热过程中,必须有专人看管。

⑪ 驾驶力求平稳,不得紧急转弯。弯道作业时,熨平装置的端头与路缘石的间距不得小于 10 cm,以免发生碰撞。

⑫ 用柴油清洗摊铺机时,不得接近明火。

⑬ 压路机碾压作业时,压路机前后轮的刮板,应保持平整良好。碾轮刷油或洒水的人员应与司机密切配合,必须跟在辗轮行走的后方,要注意压路机的转向。

## 8.6.2 摊铺机作业中的安全措施

（1）操作人员必须持证上岗,严禁非专业司机作业。在工作中不得擅离岗位,不得操作与操作证不相符合的机械。严禁将机械设备交给无本机种操作证的人员操作。严禁酒后操作。

（2）每次作业前检查润滑油、燃油和水是否充足,各种仪表是否正常,传动系统、工作装置是否完好,液压系统以及各管路等有无泄漏现象,确认正常后,方可启动。

（3）操作人员必须按照本机说明书规定,严格执行工作前的检查制度和工作中注意观察及工作后的检查保养制度。

（4）驾驶室或操作室内应保持整洁,严禁存放易燃、易爆物品。严禁穿拖鞋、吸烟和酒后作业。严禁机械带故障运转或超负荷运转。

（5）机械设备在施工现场停放时,应选择安全的停放地点,锁好驾驶室（操作室）门,要拉上驻车制动闸。在坡道上停车时,要用三角木或石块抵住车轮。夜间应有专人看管。

（6）对用水冷却的机械,当气温低于 0℃时,工作后应及时放水,或采取其他防冻措施,防止冻裂机体。

（7）施工时，必须先对现场地下障碍物进行标识，并派专人负责指挥机械的施工，确保地下障碍物和机械设备的安全。

（8）作业之前，作业司机和施工人员必须对技术负责人所交底的内容进行全面学习和了解，不明白或不清楚时应及时查问。其中作业司机和施工人员必须明确记住作业场所地下、地上和空中的障碍物类型、位置（内容包括：填挖土的高度、边坡坡度、地下电缆、周围电线高度、各种管道、坑穴及各种障碍物等情况），在该位置施工时必须听从现场指挥，严禁无指挥作业。

（9）作业期间严禁非施工人员进入施工区域，施工人员进入施工现场后严禁追逐打闹。

（10）人、机配合施工时，人员不准站在机械前进的工作面上，一定要站在机械工作面以外；压路机碾压时需要人工清理轮上沾土时，人员应在压路机的后面清理，严禁沿压路机前进方向倒退清理，防止后退时绊倒发生人身伤亡事故。

（11）起步前应观察机械前后有无障碍物和行人，将铲斗提升离地面500 mm左右，鸣喇叭方可起步。行驶中，应视其道路情况，可选用高速挡，在行驶中严禁进行升降和翻转铲斗动作。

（12）作业时，应选用低速挡。行走时，尽量避免将铲斗举升过高。应根据不同的土质，采用不同的铲掘方式，尽量从正面插入，防止铲斗单边受力。在松散不平的场地作业，可把举升杆放在浮动位置，使铲斗平地作业；履带式设备在路面上通行时要采用汽车托运方式进行，在通行长度有限的情况下可以用轮胎或方木铺垫后行驶，避免对路面造成伤害。

（13）行驶道路应平坦，不得在倾斜度超过规定的场地上作业，运送距离不宜过大。铲斗满载运送时，铲斗应保持在低位。

（14）在松散不平的场地作业，可将铲臂放在浮动位置，使铲斗平稳地推进。如推进阻力过大，可稍稍提升铲臂，装料时铲斗应从正面低速插入，防止铲斗单边受力。

（15）向运输车辆上卸土时应缓慢，铲斗应处在合适的高度，前翻和回位不得碰撞车厢。

（16）应经常注意机件运转声响，发现异响应立即停车并排除故障。当发动机不能运转需要牵引时，应保持各转向油缸能自由动作。

(17) 卸载时,应用离合器踏板制动,使铲斗前翻不碰车厢为宜,卸料应缓慢,以减轻对车厢的冲击。铲臂向上或向下动作最大限度后,应使操纵杆很快回到中立位置,以免在安全阀作用下发出噪音和引起各部故障。

(18) 机械行走转向时,应尽量缓慢转弯,应采用制动踏板减速,严禁溜坡。经常注意各仪表和指示信号的工作情况,注意察听发动机及其他各部的工作声音,发现异常现象,应立即停车检查,待故障排除后,方可继续工作。

(19) 停机后,压路机应选择坚硬的地面停放,若在坡道上停放时,轮胎前后应用三角木楔住。作业停止后,应将铲斗放在地面上,将滑阀手柄放在空挡位置,拉好手制动器。

### 8.6.3 沥青混合料拌和设备安全规定

(1) 沥青混合料拌和站的各种机电设备,在运转前均须由机工、电工、电脑操作人员进行详细检查,确认正常完好后才能合闸运转。

(2) 燃烧系统一次点火未成时,必须等待未燃气体排净后,再进行二次点火。

(3) 机组运行中,各部门、各工种都要随时监视各部位运转情况,不得擅自脱离岗位。发现异常情况立即报告机长,并及时排除故障。

(4) 机械运转中严禁人员靠近各种运转机构,传动部分要加防护罩。

(5) 人员需要进入搅拌鼓工作时,鼓外须设专人监护。

## 8.7 经济社会效益分析

### 8.7.1 经济效益分析

橡胶/SBS复合改性沥青路面与传统改性沥青路面相比,具有显著的经济效益。其经济效益测试可分为材料成本、施工成本和后期维修成本。

1. 材料成本

根据试验段数据和市场调研结果可知,目前70$^\#$基质沥青的市场价格约2 500元/t,橡胶粉的市场价格约1 500元/t,SBS改性剂的市场价格约20 000元/t。随着SBS改性沥青的大面积推广,优质SBS改性剂的价格仍然十分昂贵,废胎胶粉的价格低于基质沥青价格,将橡胶/SBS复合改性沥青和SBS改性沥青材料成本进行比较,其中SBS的掺量为5%,计算得到两种沥青混合料的成本,如表8.9所示。

表8.9 沥青成本对比

| 测算明细 | 橡胶/SBS复合改性沥青 | SBS改性沥青 |
|---|---|---|
| 掺量 | 20%胶粉+3%SBS | 5%SBS |
| 70#基质沥青价格(元/t) | 2 500 | 2 500 |
| SBS改性剂价格(元/t) | 20 000 | 20 000 |
| 胶粉价格(元/t) | 1 500 | — |
| 总生产成本 | 2 825 | 3 375 |

从表8.9可知,每吨橡胶/SBS复合改性沥青材料成本比SBS改性沥青平均降低了16.30%,因此,其成本上具有非常好的经济效益。

2. 施工成本

在工程项目中,橡胶/SBS复合改性沥青混合料和SBS改性沥青混合料通常级配设计相同,但其油石比不同,通常橡胶/SBS复合改性沥青混合料的沥青用量会较多。按照本次橡胶/SBS复合改性沥青混合料油石比5.7%,常规SBS改性沥青混合料油石比5.0%对比。两种混合料的石料采用相同的材料,按照120元/t计算,则生产每吨沥青混合料的费用如表8.10所示。

表8.10 沥青混合料价格对比

| 混合料类型 | 单位质量(t) | 油石比(%) | 结合料价格(元) | 矿料价格(元) | 总价格(元) |
|---|---|---|---|---|---|
| SBS改性AC-13 | 2.6 | 5.0 | 418 | 297 | 715 |
| 橡胶/SBS复合改性AC-13 | 2.5 | 5.7 | 380 | 283 | 663 |

从表8.10可知,每吨橡胶/SBS复合改性沥青混合料成本比SBS改性沥青混合料降低了7.8%。由于橡胶/SBS复合改性沥青路面与SBS改性沥青路面的拌和工艺、摊铺碾压工艺基本一致,因此从施工成本测算的角度可以得出,橡胶/SBS复合改性沥青技术也具有一定优势。

3. 后期维护成本

道路全寿命周期经济效益除了考虑前期投资成本以外,还要考虑运行维护阶段养护维修成本。由上文可知,橡胶/SBS复合改性沥青混合料的高温稳定性、低温抗裂性、水稳定性和疲劳性能均高于SBS改性沥青混合料。采用橡胶/SBS复合改性沥青混合料铺筑的路面具有良好的性能。调研发现,橡胶/SBS复合改性沥青路面的养护周期至少较SBS改性沥青路面推迟1年以上,且后期的养护措施方案与SBS改性沥青路面的基本一致。

当前高速公路沥青路面的设计使用期通常为15年,一般路面5年须采用罩面措施一次,按照每次养护维修费用200万元/km测算,全寿命周期内每公里高速公路的养护维修费用为40万元。而橡胶/SBS复合改性沥青路面养护周期推迟1年,15年全寿命周期仅须养护次数2.5次,按照每次养护维修费用200万元/km测算,全寿命周期内每公里高速公路的养护维修费用为33.3万元。因此,橡胶/SBS复合改性沥青路面的后期养护经济效益较好。

### 8.7.2 社会效益分析

采用橡胶/SBS改性沥青技术的社会效益分析如下。

1. 废旧材料的高值化利用

未及时处理的废旧轮胎被大量丢弃或露天堆放,会占用大量土地资源,在露天的日照和雨水作用下对自然环境造成严重的黑色污染;而现有的废旧轮胎处理方法主要是作为燃料燃烧,虽然能够解决一定的废旧轮胎处理问题,但是该处理方式对废旧轮胎剩余价值利用效率极低,浪费废旧轮胎资源。橡胶/SBS复合改性沥青的应用,建设100 km的路面即可消耗约60万~70万条废旧轮胎,可以有效解决环境污染问题。

2. 路用性能的提升

由于橡胶成分具有较好的应力吸收能力,因此橡胶/SBS复合改性沥青路面比沥青路面和SBS改性沥青路面的抗行车噪音效果更好,能够保持更久的降噪效果,从而提高了行车舒适度。同时,橡胶/SBS复合改性沥青混合料的高温稳定性、低温抗裂性、水稳定性和疲劳性能均较好,提升了路用性能。

## 8.8 本章小结

(1) 生产时,橡胶/SBS复合改性沥青加热温度应控制在175~180℃范围,集料加热温度应控制在 185～195℃范围,混合料出料温度应控制在 175～185℃范围。

(2) 根据 SBS 改性沥青及橡胶/SBS 复合改性沥青的成本材料造价测算,橡胶/SBS 复合改性沥青成本较 SBS 改性沥青降低 16.30%,其混合料生产施工成本降低 7.8%。

(3) 与 SBS 改性沥青相比,应用橡胶/SBS 复合改性沥青建设高速公路具有显著的经济和社会效益。

# 第 9 章

## 结论

本书对橡胶/SBS复合改性沥青的制备、胶结料性能、改性机理、混合料设计、混合料性能、工程应用等方面开展系统研究,主要结论如下。

(1) 研究了不同胶粉用量(10％、15％、20％、25％、30％)对橡胶/SBS复合改性沥青的针入度、软化点、延度、黏度(135℃、177℃)、弹性恢复和软化点差的影响,推荐了最适宜的胶粉用量为15％～20％。

(2) 研究了不同SBS用量(10％、15％、20％、25％、30％)对橡胶/SBS复合改性沥青性能的针入度、软化点、延度、黏度(135℃、177℃)、弹性恢复和软化点差的影响,推荐了最适宜的SBS用量为3％。

(3) 研究了不同剪切温度下(160℃、170℃、180℃、190℃、200℃)对橡胶/SBS复合改性沥青性能的针入度、软化点、延度、黏度(135℃、177℃)、弹性恢复和软化点差的影响,推荐了最适宜的剪切温度范围为168～185℃。

(4) 基于DSR的结果,发现橡胶/SBS改性沥青的车辙因子最高,而70#基质沥青的车辙因子最低;70#基质沥青的失效温度最低,而橡胶/SBS复合改性沥青的失效温度最高,表明SBS、橡胶粉复合改性对基质沥青产生较好的效果,可以综合两者各自的优势。

(5) 基于MSCR的结果,70#基质沥青的$J_{nr}$最高,橡胶/SBS复合改性沥青的$J_{nr}$值最低,基质沥青的变形恢复率$R$最低,SBS改性沥青的变形恢复率$R$次之,而橡胶/SBS复合改性沥青的变形恢复率$R$最高,橡胶粉和SBS的复合改性沥青将沥青的交通分级提升了一个等级。

(6) 基于BBR的结果,基质沥青的蠕变劲度最高,SBS改性沥青次之,而橡胶/SBS复合改性沥青最低。基质沥青的蠕变速率随温度变化的敏感度最高,而橡胶/SBS复合改性沥青的蠕变速率随温度变化的敏感度最低。表明基质沥青的低温变形能力最差,而橡胶/SBS复合改性沥青的低温变形能力最强。说明橡胶与SBS的加入能够提升沥青的低温抗裂能力。

(7) 基于沥青疲劳试验的结果,基质沥青疲劳因子最大,SBS改性沥青次之,而橡胶/SBS复合改性沥青最低;70# 基质沥青的临界温度最低(17.54℃),橡胶/SBS复合改性沥青的临界温度最高(25.84℃),而SBS改性沥青居中(21.11℃)。SBS或橡胶粉的加入均会提升沥青的疲劳性能,但SBS与橡胶粉的复合改性效果对疲劳性能提升效果更好。

(8) 橡胶/SBS复合改性沥青吸收峰的位置与基质沥青红外光谱图中吸收峰的位置基本一致,胶粉、SBS与沥青复合体系中主要发生了物理共混,只有少量的SBS改性剂与沥青发生了化学反应,而参与化学反应的是SBS改性剂中的丁二烯段。

(9) 荧光显微结果显示,在橡胶/SBS复合改性沥青体系中,胶粉呈絮状颗粒分布在沥青相中,SBS改性剂的体积较小,在胶粉颗粒周围呈微小点状分布,形成彼此交织的网状结构。

(10) 胶粉和SBS改性剂的加入会造成沥青性质的变化,橡胶/SBS复合改性沥青在胶粉和SBS两种改性剂的共同作用下,其热稳定性优于SBS改性沥青和基质沥青。

(11) 凝胶色谱法(GPC)结果表明,橡胶/SBS复合改性沥青的分子量与基质沥青和SBS改性沥青存在不同,橡胶/SBS复合改性沥青的大分子量远多于基质沥青中的大分子量。表明橡胶/SBS复合改性沥青形成了高分子量的网络结构。

(12) 通过车辙试验对三种沥青混合料进行了高温性能对比评价,结果显示橡胶/SBS改性混合料具有最好的高温稳定性能。这是由于橡胶/SBS改性混合料在高温下具有较高的动稳定度和较小的车辙深度,相比之下,基质混合料在高温性能方面表现较差。

(13) 通过低温小梁弯曲破坏试验,对三种沥青混合料进行了低温性能评价。结果显示,三种改性沥青混合料的低温性能都满足规范要求。根据测试结果,橡胶/SBS改性混合料的低温抗裂性能最佳,而SBS改性沥青混合料的低温性能次之,基质沥青混合料的低温抗裂性能最差。

(14) 经过浸水马歇尔试验与冻融劈裂试验,结果显示三种沥青混合料的水稳定性均满足要求,橡胶/SBS复合改性沥青混合料的抗水损害稳定性最佳。

(15) 对沥青混合料进行弯曲疲劳试验,并使用双对数疲劳寿命拟合评估其疲劳性能,发现橡胶/SBS改性混合料的抗疲劳性能最好,而基质沥青混合料的性能最差。

(16) 在橡胶/SBS复合改性沥青中加入温拌剂后,其针入度值略微增加,沥青的软化点值呈现出一个先上升后下降的趋势,5℃延度呈现先上升后下降的趋势,135℃黏度降低明显,温拌剂掺量为3%时,与橡胶粉和SBS改性剂配合使用的改性沥青表现出最佳效果。

(17) 温拌剂加入后,橡胶/SBS复合改性沥青混合料的动稳定度呈现先上升后降低的趋势,表明适宜的温拌剂可以增强橡胶/SBS复合改性沥青混合料的高温稳定性,且温拌剂的最佳用量范围为3%。

(18) 从低温弯曲蠕变试验来看,掺加温拌剂后,明显提高了抗弯拉强度,温拌剂掺加能够改善低温抗裂性能,且掺量为3%时,低温性能的改善最为明显。

(19) 从水稳定性试验可知,掺加温拌剂能够加强橡胶/SBS复合改性沥青与石料间的黏附作用,提供更大的马歇尔稳定度,浸水后稳定度稍有下降,但温拌剂能够提高残留稳定度;冻融循环后,橡胶/SBS复合改性沥青混合料能够抵抗水分的渗透作用和膨胀压力,比未掺加温拌剂的冻融劈裂强度比高,3%的温拌剂掺量的沥青混合料具有最好的抗水损害性。

(20) 温拌剂掺加能够改善沥青混合料的疲劳性能,在温拌剂掺量为1%时,疲劳性能的提升幅度最大。同时,在较小的应力水平下,温拌橡胶/SBS复合改性沥青的疲劳性能会明显提高,而随着应力的增加,温拌剂对疲劳性能的改善效果逐渐减弱。这可能是因为随着应力的增加,沥青始终处于较高的应变状态,温拌剂的影响逐渐减弱,导致疲劳性能的改善效果不明显。

(21) 通过上面层配比试验,可知橡胶/SBS复合改性RAC-13的最佳油石比为5.7%,通过对上面层沥青混合料的试验研究表明,上面层橡胶/SBS

复合改性 RAC-13 混合料的路用性能均满足设计要求。

（22）生产时橡胶/SBS 复合改性沥青加热温度应控制在 175～180℃范围，集料加热温度应控制在 185～195℃范围，混合料出料温度应控制在 175～185℃范围。

（23）根据 SBS 改性及橡胶/SBS 复合改性沥青的成本材料造价测算，橡胶/SBS 复合改性沥青成本较 SBS 改性沥青降低 16.30%，其混合料生产施工成本降低 7.8%。

（24）应用橡胶/SBS 复合改性沥青建设高速公路，比 SBS 改性沥青具有更显著的经济效益和社会效益。

# 参考文献

[1] 交通运输部.2022年交通运输行业发展统计公报[R].[2023-06-30].索引号:000019713O04/2023-00049.

[2] 张敏娜,邓洋,韩慧泽.我国废旧轮胎资源化综合利用技术现状研究[J].资源节约与环保,2023(3):8-11.

[3] 江必有,王晓初.我国废旧轮胎应用的未来发展方向[J].橡塑技术与装备,2023,49(5):1-4.

[4] 黄光请,李瑜.橡胶粉基本参数对橡胶改性沥青性能指标的影响分析[J].西部交通科技,2021(4):37-40.

[5] 黄贵秋.SBS改性沥青的研究进展[J].广州化工,2012,40(4):8-9.

[6] 宋亮,王朝辉,舒诚,等.SBS/胶粉复合改性沥青研究进展与性能评价[J].中国公路学报,2021,34(10):17-33.

[7] MCDONALD, CHARLES H. Rubberized asphalt pavements[M]. The American Association of State Highway Officials, USA, 1972.

[8] 李峰.指导美国未来交通运输事业的"冰茶法案"简介[J].综合运输,1994(8):37-40.

[9] 北京市路政局.北京市废胎胶粉沥青及混合料设计施工技术指南[M].北京:人民交通出版社,2007.

[10] 马涛,陈葱琳,张阳,等.胶粉应用于沥青改性技术的发展综述[J].中国公路学报,2021,34(10):1-16.

[11] 于晓晓,李彦伟,蔡斌,等.胶粉改性沥青研究进展:从分子到工程[J].合成橡胶工业,2022,45(1):2-12.

[12] 王明,余红伟,魏徵.橡胶粉/SBS复合改性沥青研究进展[J].弹性体,2016,26(2):86-90.

[13] 孙大权,金福根,徐晓亮,等.橡胶沥青路面湿法和干法技术研究进展[J].石油沥青,2008,22(6):1-5.

[14] PUNITH V S, VEERARAGAVAN A. Behavior of asphalt concrete mixtures with reclaimed polyethylene as additive[J]. Journal of materials in civil engineering,2007,19(6):500-507.

[15] RASOOL R T, WANG S F, ZHANG Y, et al. Improving the aging resistance of SBS modified asphalt with the addition of highly reclaimed rubber[J]. Construction and building materials, 2017, 145:126-134.

[16] GHALY N F. Effect of sulfur on the storage stability of tire rubber modified asphalt[J]. World journal of chemistry, 2008(2):42-50.

[17] JIANG Z, EASA S M, HU C, et al. Understanding damping performance and mechanism of crumb rubber and styrene-butadiene-styrene compound modified asphalts[J]. Construction and building materials, 2019, 206.DOI:10.1016/j.conbuildmat.2019.02.061.

[18] 王仕峰,朱玉堂,张勇,等.SBS改性沥青高温贮存稳定的新方法(英文)[J].合成橡胶工业,2002,25(4):253.

[19] 陈丽.废塑料-橡胶粉复合改性沥青混合料试验研究[D].重庆:重庆交通大学,2011.

[20] 韦大川,王云鹏,李世武,等.橡胶粉与SBS复合改性沥青路用性能与微观结构[J].吉林大学学报(工学版),2008,38(3):525-529.

[21] 陈莉.SBS橡胶复合改性沥青性能研究[J].北方交通,2008(8):29-31.

[22] 卢晓明,周碧辉,孙烈.废胶粉-SBS复合改性沥青路用性能的试验研究[J].物流工程与管理,2009,31(7):117-118.

[23] 郭吉坦,张波.SBS与橡胶粉复合改性沥青性能研究[J].新型建筑材料,2010,37(5):66-69.

[24] 杨光,申爱琴,陈志国,等.季冻区橡胶粉/SBS复合改性沥青工厂化参数分析与性能评价[J].公路交通科技,2015,32(12):29-37.

[25] 邹进忠,范春华,彭斌,等.CR/SBS复合改性沥青优化性能研究[J].交通科技,2017(4):125-127,141.

[26] 万长利.废胎胶粉/SBS复合型改性沥青及混合料路用性能评价[D].长沙:长沙理工大学,2018.

[27] 周志刚,陈功鸿,张红波,等.胶粉/高黏剂复合改性 SBS 沥青的性能与改性机理[J].长沙理工大学学报(自然科学版),2020,17(2):1-9.

[28] 刘勇,顾兴宇,李志刚,等.胶粉/SBS 复合改性沥青性能评价及改性机理[J].江苏大学学报(自然科学版),2019,40(1):108-113.

[29] 王笑风,吕小武,褚付克,等.不同类型橡胶粉与 SBS 复合改性沥青的性能特征分析[J].硅酸盐通报,2019,38(11):3695-3702.

[30] 于丽梅,陈志国,姚冬冬.废橡胶粉与 SBS 复合改性沥青混合料在伊开高速公路的应用[J].交通节能与环保,2014,10(5):87-93.

[31] 肖鹏,康爱红,李雪峰.基于红外光谱法的 SBS 改性沥青共混机理[J].江苏大学学报(自然科学版),2005,26(6):529-532.

[32] 邓雅俐.废橡胶综合利用取得新突破 常温法工业化生产精细橡胶粉新技术诞生[J].再生资源研究,2000(5):20.

[33] 李秀君.沥青流变特性研究[D].西安:长安大学,2002.

[34] 郑健龙,吕松涛,田小革.基于蠕变试验的沥青黏弹性损伤特性[J].工程力学,2008,25(2):193-196.

[35] 美国沥青协会,贾渝,曹荣吉,等.高性能沥青路面(Superpave)基础参考手册[M].北京:人民交通出版社,2005.

[36] 赵延庆,凌晨,白琦峰,等.基于路面温度频率分布的沥青 PG 高温等级选择[J].石油沥青,2007(1):43-46.

[37] 林江涛,樊亮.基于 MSCR 试验及 Burgers 模型分析的沥青高温性能评价[J].公路交通科技,2018,35(6):22-29.

[38] 封基良.沥青 BBR 小梁试验的流变分析[J].武汉理工大学学报(交通科学与工程版),2006,30(2):205-208.

[39] 王冠.基于线性振幅扫描试验的沥青胶结料疲劳性能研究[J].石油沥青,2018,32(4):45-50.

[40] 李炜光,段炎红,颜录科,等.利用石油沥青红外光谱图谱特征测定沥青的方法研究[J].石油沥青,2012,26(4):9-14.

[41] 康爱红,张吴红,孙立军.改性沥青荧光显微观测样本制备方法[J].四川大学学报(工程科学版),2012,44(2):154-158.

[42] 曾凡奇,黄晓明,李海军.沥青性能的 DSC 评价方法[J].交通运输工程

学报,2005,5(4):37-42.

[43] 马桂军,祝国林,郝培文,等.利用 GPC 曲线模型分析沥青的性质[J].黑龙江交通科技,1999(4):20-21.

[44] 曲家利,周丽霞,李齐方.分子动力学模拟结合实验精确预测聚苯乙烯玻璃化转变温度的研究[J].高分子通报,2020(10):66-72.

[45] 史新妍,辛振祥,金振国.废旧轮胎胶粉的加工及改性[J].橡塑技术与装备,2005,31(11):11-13.

[46] 张泽鹏,王钊.高温多雨地区橡胶沥青黏度技术指标的试验研究[J].公路交通科技,2010,27(6):34-39.

[47] HERNANDEZ-FERNANDEZ N, OSSA-LOPEZ A, HARVEY J T. Viscoelastic characterisation of asphalt concrete under different loading conditions[J]. The international journal of pavement engineering, 2022. DOI:10.1080/10298436.2021.1927026.

[48] LUO R, LIU H, ZHANG Y. Characterization of linear viscoelastic, nonlinear viscoelastic and damage stages of asphalt mixtures [J]. Construction and building materials, 2016, 125:72-80.

[49] 陈华鑫,王秉纲.SBS 改性沥青车辙因子的改进[J].同济大学学报(自然科学版),2008,36(10):1384-1387,1403.

[50] AASHTO M 332—2020, Standard specification for performance-graded asphalt binder using multiple stress creep recovery (MSCR) test [S]. American Association of State Highway and Transportation Officials, Washington DC, 2020.

[51] WALUBITA L F, FUENTES L, Tanvir H, et al. Correlating the asphalt-binder BBR test data to the HMA (ML-OT) fracture properties[J]. Journal of materials in civil engineering, 2021, 33(9):04021230.

[52] ANDERSON D A, KENNEDY T W. Development of SHRP binder specification (with discussion)[J]. Journal of the association of asphalt paving technologists, 1993, 62: 481-507.

[53] BAI T, MAO B, CHEN A, et al. Investigation of low-temperature

construction additives (LCAs) effects on the technical properties of asphalt binder[J]. Construction and building materials, 2021, 304:124634.

[54] 郭朝阳,何兆益,曹阳.废胎胶粉改性沥青改性机理研究[J].中外公路, 2008,28(2):172-176.

[55] 范松灿.傅立叶变换红外光谱仪的原理与特点[J].太原科技,2007(11):40-41.

[56] 徐淦卿.红外物理与技术[M].西安:西安电子科技大学出版社,1989.

[57] 郭舜玲.荧光显微镜技术[M].北京:石油工业出版社,1994.

[58] 樊亮,马士杰,林江涛,等.荧光显微分析技术在沥青研究中的应用[J].公路工程,2011,36(6):70-73.

[59] WAGNER M.热分析应用基础[M].陆立明,译.上海:东华大学出版社,2011.

[60] 严家伋.沥青材料性能学[M].北京:人民交通出版社,1990.

[61] 原健安,张登良.国产沥青的DSC分析[J].石油沥青,1994(2):10-16.

[62] 施良和.凝胶色谱法[M].北京:科学出版社,1980.

[63] 陈忠达,袁万杰,薛航,等.沥青混合料高温性能评价指标[J].长安大学学报(自然科学版),2006,26(5):1-4.

[64] 叶向前,邹晓翎,何虹霖,等.半刚性基层沥青路面低温开裂成因研究综述[J].中外公路,2020,40(4):62-67.

[65] 郝培文,张登良,胡西宁.沥青混合料低温抗裂性能评价指标[J].长安大学学报(自然科学版),2000,20(3):1-5.

[66] 赵永利,吴震,黄晓明.沥青混合料水稳定性的试验研究[J].东南大学学报(自然科学版),2001,31(3):99-102.

[67] 葛折圣,黄晓明.沥青混合料应变疲劳性能的试验研究[J].交通运输工程学报,2002,2(1):34-37.

[68] 周志刚.交通荷载下沥青类路面疲劳损伤开裂研究[D].长沙:中南大学,2003.